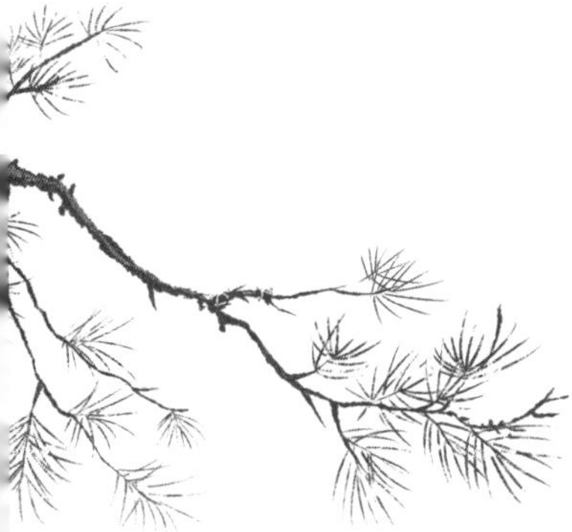

U0619937

老子精读

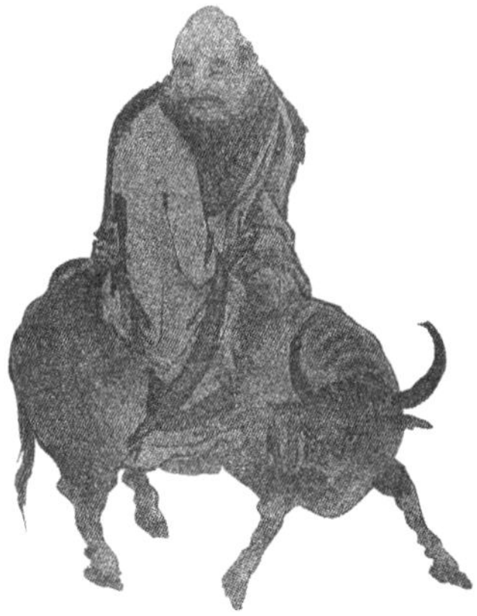

陈成吒／编著

本书为上海财经大学通识课程教材项目成果

上海教育出版社

编 委 会

主 编 查清华

编 委(按姓氏笔画排序)

朱易安 李定广 李 贵 吴夏平

陈 飞 赵维国 查清华 钟书林

曹 旭 詹 丹

教育部新文科研究与改革实践项目

中文学科拔尖创新人才培养与实践

上海高校本科重点教改项目

中文专业师范生优秀传统文化教育实践与创新

上海市高水平学科学术创新团队

中华典籍与国家文明

国家级专家服务基地

上海师范大学教育援疆喀什专家服务基地

总序

中华优秀传统文化是中华民族的精神命脉。2017年，中共中央办公厅、国务院办公厅《关于实施中华优秀传统文化传承发展工程的意见》(下文简称《意见》)提出："实施中华优秀传统文化传承发展工程，是建设社会主义文化强国的重大战略任务，对于传承中华文脉、全面提升人民群众文化素养、维护国家文化安全、增强国家文化软实力、推进国家治理体系和治理能力现代化，具有重要意义。"《意见》围绕立德树人根本任务，遵循学生认知规律和教育教学规律，按照一体化、分学段、有序推进的原则，对中华优秀传统文化"进课本、进课堂、进校园"提出明确要求。

经典是文化的重要载体。当下中华传统经典读物较多，各有优长。但我们经过调研后发现，针对大、中学生而言，在传统文化教育方面尚存在以下几大问题：一是对传统文化优秀与糟粕因子的认识比较模糊，未能通过阅读经典充分汲取富有生命力的文化养分；二是对传统文学经典的历史语境缺乏应有的了解，相关历史知识与方法的匮乏常导致对文学作品的解读出现偏差；三是对传统经典与现代文化的联系和区别关注不够，传统文化和现代意义的文化发展逻辑没有得到充分厘清；四是往往止步于对传统经典知识本身的接收与理解，对优秀原典熏染学生道德和审美的终极作用落实不力，对学生发现与探究问题的意识培养力度偏弱。

针对以上问题，我们尝试从人才培养模式、课程设置、教材建设和教学方法等方面加以改革，同时通过加强大中小一体化建设，牵头和上海数十家中学共建"中华优秀文化推广联盟"，和上海援疆教育集团签署"中华优秀经典进校园"项目，组织相关优秀教师参与。编撰出版"中华文史经典精读"丛书，是我们改革项目的重要成果之一。

该丛书在导读方向、内容选择、注释范围、评析重点等方面，均致力于尝试解决上述问题。以上海市高水平学科"中华典籍与国家文明"创新团队为主体的多位专家，在总的原则下，广泛借鉴吸收前人成果，依据各自的学术特长和教研心得，充分展现学术个性，既为反思传统文化的复杂内涵提供历史唯物主义的立场和方法，也努力寻求传统文化在当代实践中的内驱力，以及理想人格的感召力，让经典润泽心灵，砥砺人生。

每本书由导言、正文、注释和评析组成。"导言"总体介绍某部经典的成书、性质、基本内容、艺术价值及社会影响，或某作家的生平、思想、艺术及文学史地位等；"正文"均依据权威版本选录名家名作，兼顾传统性典范和现代性意义；"注释"重在注解不易读懂的字词、名物及典故，力求简明准确；“评析”则在细读文本的基础上，提点作品的情思蕴含及艺术表现，注重引导读者参与情思体验，追求文字洗练，行文晓畅。

本丛书属于中华优秀传统文化经典普及性读本，可作为大学“原典精读”通识课教材及中学语文拓展读本，也适合热爱传统文化的普通读者。

限于水平，书中或有不尽如人意处，祈请读者批评指正，以便再版时改进。

查清华

于上海师范大学文苑楼

目录

老子精读

下篇

导言

老子精读

两千五百多年前，老子诞生。此后他的事迹、著作与思想以及后人对相关问题的研习与转化等，皆成为中华思想文化的重要事件与内容。严格来说，它们包含了老子原始面貌、老子学两个层面的内容，分属历史事实与文化演绎维度，彼此间既有联系又有区别。前者作为被限定的事物，主要包含老子、《老子》及其思想的本貌问题。后者从广义上而言，包含前者，但更多的是指后人对相关问题的研究与发展，它不仅涉及考辨、复原，也包含后人的诠释、发挥与演绎，以及在此基础上的新造内容。这些都是在谈论时不可不知的原则和不可不涉及的问题。且各个层面的内容都有其意义。

一、老子其人及其传说

老子作为一个具体的历史人物，拥有自己的身份、事迹，这不以后人的意志为转移。

后学不论如何将其神化，都不能改变其原有的历史存在。不过在绝大多数的历史时期以及当下世界中，“老子”是历史实在与文化重构结合的事物——“文化文本”。且又可细分为“社会讹传”“宗教创造”两种层面。从文化发展以及我们正身处其中而言，现在的我们无法直接接触客观本体，只能在后世材料中把握“文化老子”。甚至可以说，真实的已不是历史上存在的那个个体老子，而是由其出发而存在的穿越过历史、处于当下，同时又面向未来的那个拥有无限可能的“文化老子”。我们应对此自觉，然后对“历史事实老子”与“文化老子”两个维度都进行观照。

关于老子的生平事迹，学界一直存在争议。就最大的公约数来说，一般认为老子诞生于春秋末年，当时正是春秋五霸时代的中期。在老子的具体身世、事迹方面，先秦典籍有许多零散记载，司马迁《史记·老子韩非列传》对部分内容进行了摘编。其文曰：

> 老子者，楚苦县厉乡曲仁里人也，姓李氏，名耳，字聃，周守藏室之史也。孔子适周，将问礼于老子。老子曰：“子所言者，其人与骨皆已朽矣，独其言在耳。且君子得其时则驾，不得其时则蓬累而行。吾闻之，良贾深藏若虚，君子盛德，容貌若愚。去子之骄气与多欲，态色与淫志，是皆无益于子之身。吾所以告子，若是而已。”孔子去，谓弟子曰：“鸟，吾知其能飞；鱼，吾知其能游；兽，吾知其能走。走者可以为罔(wǎng)，游者可以为纶，飞者可以为矰(zēng)。至于龙吾不能知，其乘风云而上天。吾今日见老子，其犹龙邪！”
>
> 老子修道德，其学以自隐无名为务。居周久之，见周之衰，乃遂去。至关，关令尹喜曰：“子将隐矣，强为我著书。”于是老子乃著书上下篇，言道德之意五千余言而去，莫知其所终。

虽然人们对相关传世文献所载内容也存在一定争议，但我们可以通过它们了解基本的情况。

关于老子的姓氏名字，现存先秦典籍多直称“老聃”，《吕氏春秋·审分览·不二》又作“老耽”。“聃”“耽”同音相通。综合所有材料来看，他本姓“老”氏，后音转为“李”，名“耳”，字“伯阳”，“聃”为别字或尊号。

老子出生于史官世家，幼时接受贵族教育。当时他追随商容学道。商容，后世音转为“常从”“常枞”，春秋末年人，齐桓公大臣。商容精于天文历法，应是天文史官。《汉书·艺文志》载：“《常从日月星气》二十一卷。”进而言之，礼仪之事也是其本职。他同时又为齐桓公从事外交活动，当深谙王霸之术。商容的天道、礼仪、王霸观念对老子产生了深刻影响：

如商容本为礼仪之守，临终三戒老子，为首二事即不忘常故、衷心践礼。《说苑·敬慎》载商容以“过故乡而下车”“过乔木而趋”诸礼，告知老子“不忘故”与“敬老”。又如商容深知天道，也以此授老子修齐治平之理，基本起点就是“柔舌”之论。《说苑·敬慎》载商容授老子二戒后，又告老子舌以柔存、齿以刚亡之理，并云“天下之事已尽矣，无以复语子哉”。再如商容说天道除以守弱为用外，也强调持后。原始《文子·上德》载：“老子学于常枞，见舌而守柔，仰视屋树，退而因川，观影而知持后，故圣人虚无因循，常后而不先，譬若集薪燎，后者处上。”相关文字点出商容除授柔舌之理外，尚有光阴流逝，事物常变，唯守后者能处上之论。此亦影响了老子“勇于不敢”“后其身而身先”等思想。最后，商容为齐桓公重要谋臣，一生经历齐桓公霸道兴衰之路，对尊王霸道深有研习，亦影响了老子的王霸平和天下理念。

老子在学成之后，曾在周朝担任柱下史、征藏史，向前来求教的孔子传授过礼乐知识与道德智慧。他曾与孔子一起为他人出殡，孔子后来告诉曾子说“昔者吾从老聃助葬于巷党，及堩(gèng)，日有食之”，即当时发生了日食现象，众人惊慌，但老子很快依据周礼的规定做出了恰当的应对(《礼记・曾子问》)。除此之外，老子曾传授孔子天子迁庙之礼、“下殇(shāng)用棺衣棺”、三年之丧，金革之事无辟(《礼记・曾子问》)，以及“同寮(liáo)有服”(《孔丛子・记义》)等历史典故与礼乐知识。同时，老子向孔子传授了礼仪所含的道理，并认为在一定程度上，礼乐已是陈迹，仁义理念也不足道，只有循道而趋、放德而行，才能使天下和谐。以古迹应对当下时事，无法成功，当求背后之“道”(《庄子・天道》《庄子・天运》)。

老子在送孔子离周返鲁时，赠言“凡当今之士，聪明深察而近于死者，好讥议人者也。博辩闳达而危其身者，好发人之恶者也。无以有己为人子者，无以恶己为人臣者”(《孔子家语・观周》)，即劝诫孔子应守弱、谦虚、讷于言、敏于行。当时孔子已开始广收弟子，南宫敬叔也闻名在其中，乃至鲁君高度评价之，自是平生初次志得意满之时，故有此诫。

再后来，老子见周庭内乱不断，认为周德衰，于是辞官归隐。过边关时，遇守将。关令名为尹喜。尹喜见到老子，要求其言大道，并留下了五千余言。司马迁说此后老子不知所终，但历史上还是流传下了许多传说。

如在战国晚期，人们就开始传说老子的寿命有两三百岁。这一方面是当时人们混淆了老子、老莱子、太史儋(dān)这三个不同历史时期的人物，另外一方面也体现了人们对延年益寿的渴求和对道家养生之道的期待。

后来人们又传说老子辞官归隐时是骑着一头青牛经过函谷关，而关令尹喜登楼望气，见有“紫气东来”，知道有圣人来访，于是强留下老子，邀请其为世人著书，因此流传下了五千言，且尹喜也深受其震撼，最终追随老子一同归隐。

在这个传说中，老子辞官时只是骑着一头青牛，这表示了人们对老子为官清廉、两袖清风、朴实无华的赞美；以青牛为伴，也传达了道家所持的人与自然和谐相处思想。而尹喜见“紫气东来”，一方面显示了老子作为圣人的非凡气象，另外一方面也体现了“德不孤，必有邻”的道理，也就是说圣贤坚持大道，即使因此不容于衰乱之世，世间也总有知音。在这个传说中，老子之所以会留下五千言是因为尹喜强留，也就是说，如果没有尹喜的识人之明和对智慧的追求，可能老子就悄无声息地出关了，而我们也就见不到这么伟大的智慧经典。这个细节也体现了中国人对求知者的赞美以及对珍惜美好因缘的强调。

当然还有许多传说称老子出函谷关后一路向西，最后到了天竺，点化了释迦摩尼，创立了佛教，也就是历史上著名的“老子化胡”故事。这个传说最早到底是东汉时期来华的佛教徒为传教而设的方便说法，还是后来道教徒所造，现在已不得而知，但这个传说本身有着独特的文化价值，代表了中国与印度的文化交流，也体现了人们对道佛合一的追求。

汉代以后，随着道教的创立与发展，老子的传说也越加丰富和系统化，其中最大特点是老子形象从“仙化”走向了“神化”，最终演化出了“太上老君”形象和“一气化三清”体系，而且在相关传说中太上老君世世降世为帝王师。太上老君传说其实是中国人“愿望”的结晶，它体现了我们对真善美的追求和对太平盛世的期待。

二、《老子》书及其文本演变

老子为我们留下了五千言《老子》一书。如果以线性历史观和作品理念考察，该书必然存在最原始的面貌。且即使依从开放的文本理念而言，具体文本除受开放“语言”影响外，也赋形于“言语”因素，即包含着当时社会和作者的意识形态，故在其成形的一刻，相关意识形态会固化其中，使其成为具有一定意识回路的半封闭体。该半封闭体具有“排他性”“记忆性”，足以形成一定的结构与本义。《老子》原始面貌同样具有该特征。

同时经典之所以成为经典，在于它是一个活生生的精灵，具有生命性、生长性、创造性。它有具体的诞生时刻及原初面貌，而真正使其成为经典的是它出生后一直活着，在与历代哲人、大众的不断交流中生长。表现在文本上即结构、文字、内涵的与时偕行、不断革新。这在先秦典籍的经典化历程中表现得最为突出，《老子》生长为《道德经》也是如此。

五千言在流传的过程中，形成了诸多不同版本。现在能看到的有战国时代摘抄重编的郭店楚简《老子》甲乙丙三组，汉代上“德”下“道”而不分章的马王堆帛书《老子》甲本乙本，同样上“德”下“道”而分章七十二的严遵指归本《老子》，以及同样形成于汉代，但上“道”下“德”而分章八十一的河上公章句本《老子》。魏晋以后又有源出河上公本样式的想尔注本《老子》、王弼注本《老子》等等，此后历代以它们为基础而形成的众多《道德经》注本，更是琳琅满目，不可胜数。结合这些，我们可以清楚地看到五千言文本的演化现象。

五千余言，本是君王南面术，原无书名，且二篇分置是其文本的自然结构，本貌为上“德”下“道”。上“德”下“道”形制的设置不意味着上篇纯言“德”、下篇纯论“道”，它只是简单的文本分篇形式，背后不贯串着特定的思想理念。五千言有着自身的行文规律，自然存在一定的章节划分，且各章之间具有关联，存在一定体系。

从春秋末年一直到汉初，君王南面术老学一直占主导地位，养生修仙派老学虽然存在，但未成主流，因此五千言篇章结构少有重大变化。其间人们为便于指称，将其命名为《老子》，上下篇也只是取首章关键字为之标记，并无特殊的意识形态在其中。

在《老子》文本分章问题上，诸子形成了两种路径并行的章节划分格局：一方面，他们主要依从《老子》文本自身固有的行文规律划分，因此当时的章节划分情况大体相同，只是个别地方因人理解不同而有差异；另一方面，他们在明知《老子》原有章节划分的同时，也倾向于对它们进行删选、重组、改造，修编新《老子》文本，存在令之"为我所用"的风气与传统，也由此形成各种新《老子》重组本。不过，秦汉以后，随着社会稳定、书写工具与方式发展，尤其是《老子》地位提升，人们更多地以完整的《老子》文本为基础划分章节。

西汉末年，有了新的变化。当时谶纬之术盛行，易纬之学深刻地影响了中华民族的逻辑与思想。时人开始以易理八卦、阴阳五行等数术之法来划定《老子》文本的分章结构。严遵是首开纪录者，他虽然保持了《老子》上"德"下"道"的分篇结构，但以易学之道、阴阳五行八卦之法分上经五八四十章，下经四八三十二章，共八九七十二章。

同时，随着谶纬易学的发展，重道思想产生了巨大影响。且自汉武帝"罢黜百家，独尊儒术"后，黄老之术逐渐衰落，养生修仙家渐成老学主流。老学中，道德治国理念地位下降，以道修身修仙理念地位上升。在这种情况下，原有以"上德不德"为始，以治国德论为开头的结构已不适应老学的发展，而以"道可道"为始，以道论为起点的结构可以直通养生修仙，故"道可道"章被调整为篇首，上下篇次序发生颠倒。

与严遵同时期的安丘望之作《老子章句》，便是如此。它依从易学重道理念及自身侧重养身修仙的理论导向需要，转变了从老子到黄老派一直坚守的以治天下为本位的"德""道"结构，开始形成"道""德"形制。并将《老子》分为八十一章，象太阳极之数，道篇在上以法天，三十七章，德篇在下以法地，四十四章。

该本影响甚大，在贵族阶层直接影响了当时刘向的《老子》官廷校订本，在民间则于东汉初年形成了“河上公”的《老子章句》。后续河上公本对民间《老子》形制影响深远，张鲁《五千文》《老子想尔注》、王弼《老子注》等继续强化了这种分篇结构，并在此过程中形成了“老子道德经”的称谓。

从汉魏到南北朝，乃至隋唐时，《老子》上“德”下“道”形式的文本依然流传，《老子道德经》上“道”下“德”形式的文本也在传世，且后者不断发展。尤其在受到佛教的进一步影响后，道教开始真正全面确立，于是效仿佛教经典意识与体例，实现了《老子道德经》文本的真正的宗教经典化，最集中的体现就是将“老子道德经”这一称谓经典化为“道德经”。两种命名的本质区别在于，前者只是表示老子著述原文，结构为上“道”下“德”；后者体现形而上的权威，尤其是宗教化的权威。所谓“经”，带有天地恒常、不刊之论的意义。且直接将上下篇提升为“道经”“德经”。按《混元圣纪》所言，葛洪也曾校注《老子》，他遵从了河上公本分篇的原则，即上“道”下“德”。葛洪是道教发展进程中的重要人物，大概是其完成了从“老子道德经”到“道德经”的名称转变。

魏晋以后，佛教的进一步发展使道教乃至中国士族的思维更加形而上化。尤其是本体论、宇宙论等成为理论研究的起点与主要对象。于是具有宗教意识形态的，又更具哲理性与普世性的“道德经”称谓被广泛接受。上“德”下“道”的结构本身束缚了《老子》的诠释空间，上“道”下“德”则解放了相关束缚，且前者难合社会主流称谓“道德经”，后者正可相呼应。于是，前者不断式微，后者渐成主流。

到了唐代，因唐宗室推崇道教，唐玄宗开始以国家意志、圣旨钦定的方式将海内一切《老子》文本统一在“道德经”之下。在此影响下，上“道”下“德”、九九八十一章也就成为《老子》文本的唯一形式。虽然从文本内容的文理来说，该形式并不符合《老子》本貌，且从帛书《老子》来看，许多章节内容的次序也受到了人为调整，但“道德经”和“九九八十一章”已经相互成就，实现了经典化的契合，最终此形制成为《老子》文本的主流范式。后世绝大多数老学思想也皆在遵从此形式下诠释、发明而来。

总之，从《老子》到《道德经》，直接体现了总题名、篇名、章节的变化，与之表里相应的则是思想内涵的变革。从本质上而言，这是《老子》文本表层结构与深层结构的共同“狂欢”，也是《老子》在经典化的路上得以生生不息的最重要原因。

目前，已成经典良久的《道德经》，其文本表层结构的发展进入了某种稳定期，但这并不排除它将来会通过与思想者的交流产生新的生长的可能性。且实际上，历史上在九九八十一章分法被确立为既定样式后，传习领域也一直存在新的划分。虽然那些划分最终皆未成为新的经典结构，但也表现出了《道德经》内在结构的张力。且我们现在即可确认：作为经典的它，其心灵（内涵）一直在生长，从未停滞。

三、道德之义的玄之又玄

当我们了解《老子》到《道德经》的无尽演化，便能明白要精读它、讨论其思想，这本身就是一件复杂的事情。但是我们同样可以通过结合老子、《老子》及其演变来分解相关问题。

从老子开始思考他的实存开始，老子思想便诞生在历史之中。当他在人生的特定时刻——归隐之时述说了五千余言，于是产生了另一个特定存在——《老子》，它也拥有自己的思想。此后它在与社会的交互中生长为《道德经》，后者的思想更是奇异花。它们互有关联，但又有根本区别。只有正确地认识它们，才能给予其更长久的发展。

（一）老子思想

老子作为一个具体的历史存在，拥有自己的生命，虽然相较于后世对他不断演绎的历史而言，甚为短暂。但在如此“短暂”的生命中，他也依然拥有自己变化诡谲的人生。老子思想就是他通过对历史知识的学习、对所在现实世界的体验与思考所形成的系统认知。结构方面，老子作为一个具体的生命个体与先秦时代的哲人，其思考以世界存在为出发点，并以此对万物生发与持存进行探讨。思想基石包含以下几组关键要素：“混沌”“世界”“物”、“天”“地”“人”“道”等。基本方向是从“道”走向“德”，以“道”“知道”“法道”“修身”“齐家”“治国”“平天下”等依次展开，结构系统化，又相对开放。内容方面，老子作为先秦哲人、周朝礼官史官，自然会对历史上以及当时的天文学、礼学、史学、易学等有深刻研习。且其一生波折，直接经历着人生、社会、世界的复杂变革，思考未曾停止，诸多观念乃至思想系统中最主要的构成部分也存在发生过变革的可能。故其思想在具有一定系统性的同时，也必然具有极高的变化性以及相应的复杂性。

在讨论老子思想时，应尊重老子人生的复杂性，以其时代与人生经历为基础，遵从思想结构的开放性，完整呈现其复杂性与综合性。同时参考《老子》思想，后者虽不能作为老子本人思想的标准模板，但可作为最重要的参照。且应自觉区别于《道德经》思想等后世发展出来的内容。

以此出发，我们大体可以了解到，老子思想认为：对“世界”的理解，应建立在对“混沌”（混成不别）、“世界”、“万物”这三种层次与状态的洞察之上。混成者为最初、最高、永恒的存在，它并非世界，但是世界之根，又是世界母体，并以此令后者发生、发展。混沌的最初状态是混成不别，完全独立，只此一物，自然也无一个体物。它此后演化为世界，世界是分别。混沌与世界，二者一体两面。世界与混沌有关，但不能因为混沌而否定世界，世界的价值不在于混沌，而在于它自身。且也正是因为世界的存在，混沌才有了价值。

世界的产生——更准确地说是世界的筑造，有赖于“道”“天”“地”“人”四根。它们彼此互为条件，相互造化，也是“异名同谓”。其中，天代表时间，地代表空间，道是道路、通道、边界，它以自体虚无的方式成就万物的实有，人是创造主。人以“道”——虚无为体、有无相生、无为而无不为的方式，以天地为场域，筑造了世界。因此，我们可以说是“道”生万物，万物的持存皆有赖于“道”，因此要归返“道”。但同时，也可以说“道”的存在也有赖于万物的存在，因此“道”也要以自虚的方式法万物之自然。

世界因四根而有，也就意味着因人而有，这是人的世界。人，在其短暂的一生中，是筑造又“寄居”在世界中。要维持自身与世界的存在，也要尊“道”而行，这种行就是“德”。具体而言，在人格建构方面，指出人乃“有无相生”而成，由此形成了混一的“身”观，以及“性”本自虚清静、“情”本寡欲、“知”能悟道用道的系统理念。在此基础上，依从“用道”理念，建构了全面的修身、齐家、治国、平天下的修德体系。该体系涉及个体与个体、个体与群体、群体与群体等各个层面。它所要建构的就是个体通过对“道”的自觉认知与践行，激活和运行自虚、清静、守弱、好生等固有本性，使整个天下上下相交，人人相和，筑造和谐而丰富多彩的世界。

当然，老子思想里所说的人是普世意义层面的现实的人，对所有人都适用。不同的人，在不同的位置上，都可以各取所需。有共通性，也可以有不同点。

（二）《老子》思想

老子的这些道德思想皆贯串在五千言中，但我们在讨论《老子》一书的思想时，应遵从该书产生的时代背景、言说对象、主题，以及原始文字与结构等因素，自觉区别于《道德经》思想等。

《老子》诞生于具体的历史时刻，所面对的是天下昏乱，周王朝日益衰落而列国战乱不止的现实，反映的是老子晚年对相关问题的思考。它存在特定的陈述对象与议题——君王与平天下。且其文本结构也决定了思想结构，原貌以“上德不德”章为起始，全书先“德”而后“道”，可知其思考的出发点、落脚点皆为君王平天下。

《老子》之论从君王之“德”出发，以求“道”，结构相对封闭。它以君王南面术为核心，德、道、知、修等诸理念皆只是其组成部分而已，内涵自然相对单一、僵化。它也在平天下的视角下去审视君王的治国、治乡、治家、治身，指当时侯王所行之“德”并非真“德”，皆不合于“道”，最终的理念是以此劝诫君主“不道早已”，从而返璞归真，实现太上之治。

（三）《道德经》思想

《老子》在诞生后便开始生长为《道德经》，可以说在老子那里尚存在《老子》，到其弟子处及之后的世界中，则全然是《道德经》。《道德经》是一种开放的文化文本，表层结构一直被改造着，深层内涵也总是被历史与现实的意识形态所渗透，以至原始自我不断隐退，新的自身不断被重构出来。

宋元时期的杜道坚便对此有所觉察，他在《玄经原旨发挥》卷下中说：“道与世降，时有不同，注者多随代所尚，各自其成心而师之。故汉人注者为汉《老子》，晋人注者为晋《老子》，唐人、宋人注者为唐《老子》、宋《老子》。言清虚无为者有之，言吐纳导引者有之，言性命祸福、兵刑权术者有之。纷纷说铃，家自为法。”他在这里将自己述说的对象称为“《老子》”，但换成“《道德经》”则更准确。也就是说，历代学者所见《道德经》，都是新时代的《道德经》，同时也是他们个人的《道德经》。时代不同，尊尚有异，所以汉人有汉代的《道德经》思想，唐人有唐代的《道德经》思想。且人人皆可遵从自身的成见与体验发挥，或清虚无为，或吐纳导引，或性命福祸，或兵刑权术，或治国理政，无有定式。《道德经》思想包含从“道”到“德”的各种要素，但皆处于开放的体系中。

因此，在讨论《道德经》思想时，应自觉历史作品与文化文本的区别。认知到它既是历史性、社会性的，又是历时性、个性的。在具体思想观念的分析上，应遵从文本的开放结构及其开放解读，与时推移、随方设教、因人而是。

四、诸子之宗与“中华文明轴心时代”开道者

老子可谓诸子之宗，他是第一个“准意义”上的“子”，即第一个有私人著述的思想家，五千言是存世的第一部私家著述，他也是“中华文明轴心时代”的开道者。

老子在周敬王时期出任征藏史，征收修编天下图文，这是子学诞生的历史标志性事件，《老子》书也是第一部子学原典。老子的学说与学术行为也直接影响了后来者，如其弟子门人等皆效法他而有思想以及著述传世，且在子学进入发展阶段而形成第一代子学原典诠释本时，郭店楚简《老子》、韩非《解老》《喻老》等皆是其最重要的组成部分。

同时，我们知道后人在研习老子、《老子》、《道德经》的思想过程中，不仅对它们加以接受，也进行改造、转化。在相关内容积累到一定程度后，会在形式上脱离老子其人其事以及《老子》《道德经》等有形的作品或文本形式，直接依傍最核心的相关思想去理解、筑造世界，建构出新的思想体系。它虽然包含《道德经》思想等内容，但范围更为广大，体系也更为独立，从根本上而言是历代哲人革新、洗礼后的新思想，此即老学思想。

如先秦哲人追忆老子其人历史形象的同时，也常对其加以改造，相关文献对老子的不同记载即是体现。如先秦道家、儒家、方术家对老子形象

的不同记载和由其所形成的不同刻板印象，就体现了他们对相关内容的演绎。与此相为表里的，就是他们在研习老子思想时，不仅对其加以接受，也对其进行了改造、转化。在老子弟子，如孔子、关尹子、文子等处，他们所接受的仍是老子思想。但之后如范蠡、曾子、子思、列子等所接受的并非原始的“老子思想”，而已是经过孔子等后世哲人革新、洗礼后的新思想。它们是基于老子思想原始面貌与后世老学再诠释后所形成的新事物，也就是老学思想。

同样，在对《老子》《道德经》的创造性解读发展到一定程度后，会形成新的思想自觉。如对《老子》思想的解读须紧扣作品，《道德经》思想虽较开放，可以是散须根的格局，但仍无法彻底脱离文本文字，内容仍受制于修齐治平等概念。但老学思想可以脱离具体文本，直取从老子到《道德经》中的思维与观念，形成新的体系。如由“道”而来的任何一个认知与践行的节点都可以被当作中心，从而无限放大，走向更广阔的思想之宇。如“知道”可以自成一域，不与后来的修身、治国相联系，从而令整个思考走向思维修。修身也可以自成体系，不再导向治国，而走向养生，乃至修仙之术。当然，也可以以理政为全部思想的落脚点，形成一个以“治国平天下”为导向与最终目标的思想体系。以不同的结构来理解修身、齐家、治国、平天下，以及以身观身、以家观家、以乡观乡、以邦观邦、以天下观天下等理念，就会产生不同的认知与诠释。这实际上也是后世养生修仙派老学与君王南面术派老学之间产生分流的内在本源。

在老子其人其书及其思想基础上所形成的老学对后世影响巨大。先秦百家争鸣对老学的普遍吸收转化便是典型。如道家关尹子、文子、范蠡、列子、告子、杨朱、庄子，儒家孔子、颜回、曾子、子思，墨家墨子，名家邓析子，法家申不害、韩非子，兵家孙武、吴起，等等，都曾对其思想有所吸收转化。这些表现了老学对诸子学发展的全面给养。到了秦汉以后，老学对历代思想家的影响也是绵绵不绝,秦汉黄老学、魏晋玄学、隋唐禅学、宋明理学心学的肇兴无不以老学为出入门径,乃至到了晚清民国,中国人接引西学、汇通中西时,老学也是最为重要的思想文化桥梁。

总之,老子其人其书及其思想在中华思想文化发展过程中占有特殊而重要的地位,对中华思想文化在春秋末年所经历的重大突变性发展起到了重要作用。老子的思想学术实践是子学时代开启的历史标志,在其基础上形成的老学进程一直是此后子学进一步发展的中流砥柱,为中华思想文化多元发展提供了最强有力的变革力量。同时在21世纪的今天,《老子》(《道德经》)也早已走向世界,目前已成为全球译文种类最多的世界性经典。这些都是非常宝贵的文化遗产,体现了中国人的美好愿望,也是我们送给全世界象征智慧、交流、和平的美好礼物。

五、阅读是与经典一起生长

由上可知,《老子》(《道德经》)是在与历代社会、读者的交互中生长的奇异花。历代的思想家、文人墨客、帝王将相等等,都曾对它进行过注解诠释,形成了很多独具特色、彼此不一的解读。实际上,历代人们精读出来的,都是新时代的《老子》(《道德经》),同时也是他们个人的《老子》(《道德经》)。它是具有内在生命性的事物,与读者是属于交互关系的朋友,彼此在交流中共同成长。相关演化也是诸子学、中华文化发展的重要现象,呈现了后两者的基本机理与历史脉络,也是观照当下、透视未来的水晶石,光明与黑暗皆在其中。

因此,要真正读懂它、理解它,就需要结合历史与现实,并将我们的世界置入其中。通过这种方式阅读与阐释它,有助于我们理解经典阐释的创造性及其历史价值与现实意义。这些也将有助于启发我们更加独立、自由地思考,唤醒每个人所固有的想象力、批判力与创造力,从而更加具体而深入地了解中华文化精髓,更好地理解祖国与世界,乃至最终实现古今交汇、中西融通。

希望读者朋友们通过阅读它,完成一次经典之旅,真正洞察文化观念的历时性、创造性与筑造性,对自身的存在、文化以及现实世界有更深入的认知与理解,使自我与世界焕然一新。若人人如此,则世界将不再单一呆板,而必将花开千万。

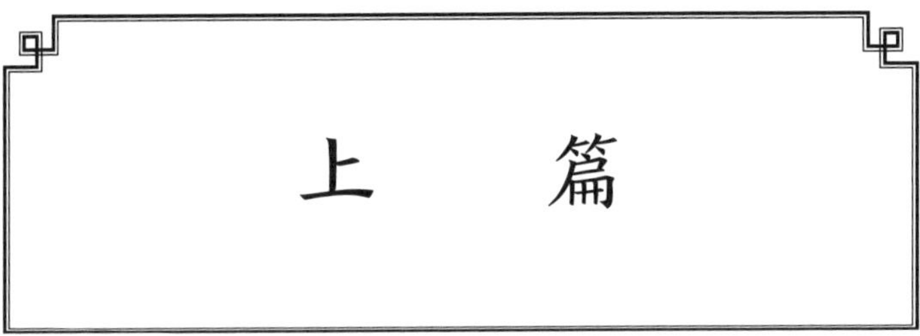

上　篇

一 章

道可道①，非常道②。

名可名③，非常名④。

无名天地之始⑤，

有名万物之母⑥。

故常无欲，以观其妙⑦；

常有欲，以观其徼⑧。

此两者同出而异名⑨，同谓之玄⑩，

玄之又玄⑪，众妙之门⑫。

注释

① 道：路、途径，是通道，又具有边界、分别的作用。它是万物自立、自处的因素。物也是事，是事件性存在，皆在通道中。无物不在通道中。形而上指物性事理，以及决定物性事理的背后的根本。形而下指通达目的的策略与方法。可道：道，通“导”。万物万事皆在通道中确立与发展，因此皆有本性固理，欲因物成事，须循其道，顺性从理而导。失道、得道皆以迷路、得路喻指方法得当与否。又韩非子、河上公、王弼等解“可道”之“道”为言语、论说、称道。

② 非常道：韩非子指道为万物本源，主宰事理，本身变化不定，不能被称道。凡被论说的，皆非该永恒之道。河上公也指自然长生之道无为无事，“含光藏晖，灭迹匿端，不可称道”。

③ 名：名号、概念。它本身具有造象作用。一般将它与道作为事物的名与实进行讨论。可名：可以指称，即可以命名与描述。

④ 非常名：河上公注为非自然永恒之名。王弼解作不能命名、指称。

⑤ 无名天地之始：无名，即道。始，胎孕。万物初始混沌而无名，待长而有形，形而有别，继而有名。名者，称号以别物。又断作“无，名天地之始”。

⑥ 有名万物之母：有名，德。母，孕生而乳养之，即畜养者。又断作“有，名万物之母”。

⑦ 观：观照。妙：微妙、奥妙，始源状态。王弼注为：“妙者，微之极也。万物始于微而后成，始于无而后生。故常无欲空虚，可以观其始物之妙。”

⑧ 徼(jiào)：边界。王弼注：“徼，归终也。凡有之为利，必以无为用；欲之所本，适道而后济。故常有欲，可以观其终物之徼也。”蒋锡昌则注存在有欲与无欲两时期：“‘常有欲，以观其徼’欲使人知有欲要求之危险，而行无欲以免之也。”

⑨ 两者：河上公注：“两者，谓有欲、无欲也。”王弼注：“两者，始与母也。”高亨：“两者，谓有与无也。”张松如：“细审文义，当是承上两句‘其妙’‘其徼’而言，也就是说的无名自在之道的微妙与有名为我之道的运行这两个方面。”又解作两者遥指道与名，即恒道与可道或无名与有名，此义自可与“其妙”“其徼”相通。同出：同出于一个本体。河上公注为无欲、有欲皆出于人心。异名：指“妙”“徼”所代指的是无形微妙、有形迹象。河上公注为无欲者生，有欲者死，则具体化到生养方面了。

⑩ 玄：本体，存在。又河上公注“玄”为天，指无欲之人、有欲之人皆受气于天。王弼注“玄”为“冥默无有”。

⑪ 玄之又玄：本体又本体，否定之否定。又河上公解作天中复有天，禀气有厚薄，除情去欲，保真气而守自然也。王弼解作万物皆出于无有，不可名状，故不可一名，不可定乎一玄。又解作幽深、幽远之类。

⑫ 众：大千世界。门：关口、途径，引申为方法。

评析

老子说：道，可以作为引导、践行，但不是平常说的路径方法。名，可以命名、描述事物，但不是平常说的概念。无名（道），是天地的本始。有名（天地），是万物的生养者。即无名为本始，有名而造世界。因此，始终没有源自观念的欲念，可以去观照万物本初无形的样子，即道孕化无穷。始终有源自迹象的欲念，可以去观照万物的存在迹象及其最终归处，即道虚无清静。无（混沌、虚无、无名）与有（分别、实有、有名）是同一个本体存在，只是被赋予了不同的说法，可以都指称它们为本体。本体又本体，即不滞留、不一边之见，作整体性观照，就是一切事物存在的门径。

本章作为全经之首，开宗明义，指出人都是身在道路中，同时也以此为通道、路径，在筑造世界。但人们对此常日用而不知，甚至有错误的认知，乃至造出许多错误的想象，并妄诞地迷失在其中。因此，“道可道，非常道。名可名，非常名”也是针对这一现实而言，指世人现在所想象、所持有的道路，虽然可暂时引导人生，但不是可以永恒的道路，现有所用概念，虽可暂时地分别万物，筑造出世界，但都不是可以永恒的分别法，只是一时的苟且，所筑造的世界也不可能长久。若要使人生、世界长久，则必须以行走在真然恒道上去筑造世界，以此来通达万物。

要理解以上思想，则要对老子的世界观有所认知。老子认为：混沌而世界。混沌是本然状态，是最初的样子、根本的样子，也是指现在的样子——实有的样子。混沌即无分别，因为没有分别，我们无法知之。但混沌体内又化出了世界，世界是分别。混沌与世界一体，混沌因天、地、王（人中精英、自觉者，是主体创造者）、道四根而受造化成了世界。天、地即时空、场域，一个代表时间，一个代表空间，而人是创造主，道是创造的通道、路径。没有道，就回归混沌。有了道，人走在其中，世界就被筑造出来。四根彼此互为条件，是同一的。因人而有道，因道而有人。因人而有世界，也因道而有世界。它们以有无相生的方式筑造世界。我们必须以这种“混沌—世界”“世界—四根”的方式来理解存在，这就是道观。

在道观下，理解世界、存在。在世界中，道为本源之一、存在路径，是连接着混沌与世界的通道、区别万物的路径。它兼具了无与有、混沌与分别等多种特质。是万物始，又是万物母。这个始如何是无名的，而母是有名的？始，女胎中。妇人在孕化胎儿时，因后者不知自己孕生于何人，也不知那人的名字，不会言语、不会赞誉，故无声名。母，孕而乳之，即生养者。老子曰：“道生之，德畜之，物形之，势成之。是以万物莫不尊道而贵德。”道，赋形者，德，畜养者。如妇人孕生婴儿，又养就他们。后者在被养护的过程中，知妇人之名，于是歌颂她。因此，妇人有了名、声名。道生养万物，其尊贵是万物给予的，不用受爵，永恒自在。

在世界中，道化生万物，但非物。道为真为常，物非真非常，甚至有诸多妄诞或幻象。我们扎根于道、走在道上，但生活于物中，所见、所闻、所触都是有，因此所描述的对象是物，其结果也只能是物。道非物，无法以物的方式去认知、描述它。即使被指称、述说，也只是人为的分割与确立，只是观念，只是物罢了。因此，道无法用物的方式去名状，但是它可以被观照。

观照之法源自对道的二重性的认知。道体虚无、无分别，不可以物视之论之，即所谓无、无名。道用真切，它化生万物，即所谓有、有名。因此，悟道之法也有“常无”（常无欲）与“常有”（常有欲）两法。前者指以保守虚无的方式体认道的虚无、不分别之体。后者指以物、有别的方式，去观照道的无尽之用。即以道体的虚无与道用的无穷尽，将道的非物与化物都把握住。

在此基础上，明晓道的两面一体、体用合一。非物的虚无、化物的无穷尽是一致的。虚无是一，大象无形、大方无隅也是一。最终都是回归沉寂、玄默,即无分别。因此,领悟之法又在于不断剔除分别心,从体、用或体用合一处去回归一,进而悟道。

在世界中,道的呈现在于道动、道用。道动,不仅有生生,也有本然之虚与自虚,动则偏向自虚。道用,则是柔弱。物,指材具、气质。器,则是定型后的状态。名,则为名状。万物有名,即意味着万物被区分、被筑造出来,世界也应时存在。

本章最后说的"妙",魏晋以后玄学家将佛学引入道家学说后,对其做了重大转化创造,既指道,又指人的领悟。是始源性、回归性、生发性合一的。既是远古的,又是未来的,更是立身处,即现在。由现在领悟,过去、未来皆焕然一新,别开生面,妙不可言。

二　章

天下皆知美之为美[①],斯恶[②]已。

皆知善之为善[③],斯不善[④]已。

故有无相生[⑤],难易相成,

长短相较,高下相倾,

音声相和,前后相随。

是以圣人处无为之事,行不言之教[⑥];

万物作焉而不辞[⑦],生而不有[⑧],

为而不恃[⑨],功成而弗居[⑩]。

夫唯弗居,是以不去[⑪]。

注释

① 美：美好的观念。又解作乐于称赞的事。

② 恶：丑陋。又解作厌恶。

③ 善：善意，善良。又解作赞同，确立某种观念的行为。

④ 不善：险恶。又解作否定、非议。

⑤ 有无相生：有无皆在一物中。有和无相互生成。故无也生有，无为而无不为。

⑥ 行不言之教：实现不言的教导，以身行教导。

⑦ 作：万物自作。辞：辞谢，阻止。

⑧ 生：生发。有：占有。

⑨ 为：施化。恃：矜持，索求回报。

⑩ 弗居：不居。

⑪ 是以：因此。去：离却，泯灭。

评析

老子说：天下都知道美之所以为美，则丑陋的观念就产生了。都知道善之所以为善，则不善的观念就产生了。有无皆在一物之中，难易皆在一事之内，长短皆在一形之中，高下皆在一流之中，音声皆在一响之中，先后皆在一列之中。因此，圣人以无为的方式处理世事，以不言的方式来引导世人。万物兴作而不去逆止，生发万物而不去占有，施化万物而不望其报，功业大成而不居其功。正是因为他不居其功，功业才不泯灭，不离却他，即指功业如影随形。

本章指在世界中，一切都由天、地、人、道而成，万物的持存也是如此。大道自虚，而万物生；大道无为，而万物化。所谓有无在一物中，难易在一事内，长短在一形中，高下在一流中，音声在一响中，先后在一列中。这个道理包含双重内涵：

一方面可以指在世界里，有无相互生成，难易相互成就，长短相互比较而成，高下相互依靠而有，音声相互应和，前后相互跟随。即万事万物皆有此即有彼，相反相成，相依相转，无穷无止。混沌则无物，世界以分别而存在。世界有物有事（有名有功），那么无物无事（无名无功）也相反地寄寓其中。面对事物，说难、说长、说高，那么易、短、下也皆在其中。有音则响，有前则有后，皆是恒常。

人为观念的树立及其效应也是如此。在世界中，如人皆知美之为美，则是区别出了美，丑恶也就随之被制造出来。人自以为生产了美善，却使自身生活于无尽的虚妄的丑恶中。且人们树立美善观念后，往往不求内心，只会凭借这些外在的观念去行事。美之乐之、善之是之，不再出于本心，这是失心的木偶之行，是更大的丑陋与险恶。世界上本无事，庸人自扰之。

另外一方面也是说，在化物时，以无为而无不为；做事时，以易图难，以小为大；造形时，以寸形尺；造势时，以处下成为百谷王；实现影响时，以希声成就大音；实现名位时，后其身而身先。对于个人修身在世而言，则自虚以成实有。相应地不要为声名所累，懂得自守，顺乎自然。而对于在位治国而言，有为相应地会产生其对立面。如本是为求治理，反而导致混乱；为求占有功业，反而无功；为求获得称颂，反而被厌弃。在邦国这一物内，君民彼此照应。君有所好，百姓风从。君王好智巧，百姓将钻营。君王无为，民必安居。因此，唯有效法大道，以自虚少私、无为无事、不言不教的方式，不搅扰人心，让百姓自在自朴、自足自富、自化自正。功成之时，不作物主，不夺物功，不名、不有、不宰，不与民争利，民不受其累，才能不被厌弃，乃至获得永久的尊贵，即所谓“无为而无不为”。

三　章

不尚贤[①],使民不争;

不贵难得之货[②],使民不为盗;

不见可欲[③],使民心不乱。

是以圣人之治[④],

虚其[⑤]心,实其腹,

弱其志,强其骨。

常使民无知[⑥]无欲。

使夫智者不敢为也[⑦],

为无为,则无不治。

注释

① 尚:尊崇,以……为上。贤:贤能之名、以贤能取士的国策,或贤能之士。

② 难得之货:珍宝、祥瑞等奇物奇事。

③ 不见:不求取,不呈现。可欲:可满足欲望的事物。又解作渴求、欲望。

④ 圣人之治:圣人治身与治国合一,正身而国自治。

⑤ 其:圣人。百姓也随之响应。

⑥ 无知:无智巧。

⑦ 使:假使。智者:智慧之人。指在上位者不敢妄为,自虚守静。

评析

老子说:君王不求取贤能之名而各种造作,可使百姓不争名;君王不以稀有之物为贵，可使百姓不会因饥寒而造反；君王不求取可以满足私欲的事物，可使百姓之心不被搅乱。因此，圣人治理天下，自虚其物欲而饱肚腹，自弱其名欲而强体魄，从而始终使百姓无从生起智巧之念与投机之欲。假使智慧之人知道不敢妄自造作，遵循无为的法则，则没有不能治理好的家国天下。

本章点出君王法道无为的基本方法：自虚无欲。王为域中四大之一，即人中的精英、自觉者，是世界的领导者、各行各业的领袖们。他们是自觉创造，而其他人是不自觉创造，甚至只是模仿，对世界的筑造力与影响力不可同日而语。在一定程度上可以说，世界怎么了，就是王怎么了。因此，王有更大的责任，要自觉对世界的责任。

落实到治国层面，则强调由内而外，由身而国。君王之治始于自治，治国只是圣人余业。修身善，则治国善。以此出发，把经文后半部分中的“是以圣人之治”一句抽离，之后所剩句子结构皆为：君王自己如何，则民将如何。故虚心弱志和实腹强骨皆指君王如此修身，百姓也随之响应。

以此出发，部分关键字句可获得正解。如“不尚贤”可理解为君王不推崇、不博取贤能之名，从而不人为制造贤愚分别。“不贵难得之货”可理解为不珍奇物，也可以是不使奇物为贵。事物本无贵贱，贵贱只是人为分别、人为标榜。进一步而言，有些事物本无价值，只是人为标其价码，制造假象而已。“不见可欲”可以是不求见可满足欲望之物，如不求可口。也可以理解为不展现可欲，避免被人所制。自己无欲望，而令他者有物欲，可以无欲制有欲。“常使民无知无欲”的“知”当作“智”解，意为不使百姓生起智巧之念与投机之欲。

也就是说，老子劝诫君王治国不求贤能之名，相应地就包含不以智巧取士、不行智巧之事。即贤指贤名，也指贤士。当作后者解时，宽泛的可以理解为智巧之人。在高位者，多求贤名，同时以奇物祥瑞以及养士修饰，这种都是不会成功的。只有自身自虚而少私寡欲，无为希言，百姓才能应之而自然。

同时，最后一句“使夫智者不敢为也，为无为，则无不治”也是关键所在。按以上正解，最为可通。如果按照一般的解读，虽也在道家的基本思想之中，但很危险，因为差之毫厘，谬以千里。关键的一点就是，如果该思想以君王自虚为前提，则尚可。如缺少该前提，君王自身智巧，则沦为愚民之术，这也是此后愚民思想的由来。如将“使夫智者不敢为也”解释为君王控制道术，令那些智慧的人不敢作为，就有了阴谋论的色彩，同时将之后的“为无为”与“无为而无不为”相联系，则“为”为做，法则、目的、效应是“无为”，但显然“为”在前，如以阴谋家言之，则有计算权谋在其中。这也是后人将全章权谋化解读的立足点。当然，这是后世解读者发展出来的令人不寒而栗的面相，是中国传统文化的丑陋处与糟粕，是我们今天在建设新文明过程中应该绝弃的部分。

总之，君王自虚，则百姓自化。假使君王知不争利于天下，无为而已，则无不治。“我无为而民自化，我好静而民自正，我无事而民自富，我无欲而民自朴”也为此意。

四　章

道冲①而用之或不盈，

渊兮似万物之宗；

挫其锐②，解其纷③，

和其光④，同其尘⑤，

湛兮似或存⑥。

吾不知谁之子，

象帝之先⑦。

注释

① 冲：调和，虚无。

② 其：道。锐：利。道无实体。

③ 纷：色彩。道自解其纷，无色可见。又河上公注“纷”为“忿”，解作人世纷争。

④ 和其光：道和光万物，无光可视。

⑤ 尘：土灰尘埃，都是低贱者。道不可辨而加美，与它们无殊别。

⑥ 湛：沉默而不可见。似或：表示不肯定，人的感知而已。

⑦ 象：象形。帝：义同“蒂”。万象之根，即天地。

评析

老子说：道体虚无，但它的呈现与作用是无穷尽的。渊深啊，好像万物的宗始。但它挫灭自己的形体之锐，消解自己的五色之彩，和柔自己的光芒，混同自身于尘埃，安静缥缈又像是不存在。我不知它是谁的孩子，但它先天地而生。

本章论述道虚而功用无穷。世界中有四大，道是其中之一。这里说道为“万物之宗”“象帝之先”，一般将此理解为道确实存在，先于万象，为万物之根。如河上公注：“道似在天帝之前。”王弼注：“天地莫能及之，不亦似帝之先乎？帝，天帝也。”皆解“象”为“似”，“帝”为“天帝”。人们常以此解读其为道在天帝之前，是天帝的根据所在，并认为这是先秦哲人对天帝的明确降格，是朴素唯物主义思想的体现，但这些只是后人的一种发挥。

实则本章里的这些话语只是一种方便说法，囿于汉语习惯表达而如此说。我们解读时需要“得意忘言”，不可执着于表面的文字说法。道与天、地、人共生。道与物是共生的，无道则无物，无物也无道。因此可以说，道是万物之根，在万象万物之先，但这种“先”只是一种逻辑的、思想上的审视，并不是说道先生，而物后有。

道体虚无，不呈十色、五光，同于尘埃，自归低贱，不显功名。故人视之以为“无”，思之以为“有”，目与心相违，徒生若有若无之叹。这就是《老子》他处所谓“无状之状，无物之象”。又曰：“道之为物，惟恍惟惚。惚兮恍兮，其中有象。”又曰：“道生之，德蓄之，物形之，势成之。”即指道生象，象而形，形而物。

道体之虚，不可度量。虚实两物，相填而成盈虚，盈虚由各自大小所定。大者注小者，小者为之盈；小者注大者，大者保其虚。而大道之虚如大器之虚，广大无垠，渊深不测，万物入其中，而不为溢。

《老子》说：“有之以为利，无之以为用。”物用由性出，物性由用显，故性用为里表，为隐显，一也。道体虚无垠，则其用亦如斯。无垠之虚，四海之水皆注，亦不为其满溢。亦即所谓：“大盈若冲，其用不穷。”

当然，“道者同于道”，“挫其锐，解其纷，和其光，同其尘”也可以被理解为人法道的行为：挫灭自己的锐利、消解自己的忿恨争斗、和柔自己的光耀，和同于尘埃。圣人也是法道自虚，才能维系自身的持存与发挥其用。人在任何时候都应去其刺目荣光，和同于万物，与他者同在，才能不自招祸，不被厌弃。

五　章

天地不仁[①]，以万物为刍狗[②]；

圣人不仁，以百姓为刍狗。

天地之间[③]，其犹橐籥乎[④]？

虚而不屈⑤，动而愈出。

多言数穷⑥，不如守中⑦。

注释

① 不仁：出于虚无自然，不以仁义恩惠观念行事。

② 刍狗：本义是祭祀用的草刻之物。人以之祭祀，但不期望它能明白整个仪式的意义。祭品，祭时贵，而后贱。贵贱皆人心使然，本身无差异，天地、圣人不曾加其贵贱。又王弼将其解作一般意义上的青草与犬兽，指天地不为犬兽生草，但犬兽食草，不为人生犬兽，而人食犬兽，无为而万物各适所用，莫不生养。

③ 天地之间：天为清气，地为沉块，皆为实体，两者间为中空、虚无。

④ 橐（tuó）：无底之囊，风囊的一部分。龠（yuè）：带孔之管，乐笛。两者组合起来可指一种由一无底皮囊与一带孔竹管构成的风囊。

⑤ 屈：竭尽。

⑥ 言：政教法律。又河上公解作一般的言与事。数：筹算，引申为事理解析、推演及应对之法，此指治国之术。又解作通“速”。

⑦ 中：中空，虚无，中庸。

评析

老子说：天地并无仁爱的意识与观念，它们视万物为草偶，不望其有心智观念；圣人也无仁爱观念，视百姓为草偶，不望其有心智观念。天地作为整体，不就像风囊吗？内在虚无但不干瘪，发动起来就会产生更多的风气与声音。多言多事，以此来筹算设计必然导致穷困，不如守护自然的虚无无为。

本章阐释道体虚无的重要性，以天地整体性存在及其中空等为喻。大道虚无，无仁心而任自然，天地也是如此。天地间的虚无如同风囊的中空，虽虚而无物，但功用无穷，只要人踩踏皮囊，风气就会流出。此处内涵有三：其一，风囊所以有其功用，因自虚，天地有其功用之理亦然；其二，风囊因虚生风，乃自然之事，自然之理，不以人之意志转移，天地之理亦然；其三，风囊原本虚而静，生风之事非其有意为之，只是受踵而动耳，天地之间，虚而生万物亦然。

同时，天地间虚无，即无心，不具有仁的意志，它视万物为刍狗，生养它们不望其知晓而报。仁，本身出于仁心，同时也要求对象有仁心仁行。不仁，就是自己不是出于此观念，也不要求对方有此观念。

道体虚无之义，天地、圣人皆法之，才能生养万物、百姓，化用无穷。天地、圣人一旦非道而妄为，必有其难。如天地疾风暴雨，则山摇川溢，圣人妄为，则尊灭贵失。所以虚无冲和是根本，妄为多事加速消亡。这些皆是天地圣人之道，群物众人皆当法之。

后世对相关内涵也有进一步发挥，并推导出流行的所谓“天地不仁”观——自然生物之间相生相克、各适其适。这使得虚无具有某种“不仁”“不私爱”的意蕴。就具体内容而言，则有两种向度的发挥：

一可理解为天地、圣人皆无私心。天地间虚无无私，故生养万物。圣人虚无无私，故以百姓之心为心。天地、圣人无私心，则是有大公爱、大慈爱。这种爱不是仁爱——有差别的私爱。他们齐一万物、百姓，视之为刍狗，让其呈现本然面貌，不使彼此间有贵贱差别，也不使他们在之后的一生中前后有贵贱差别。所谓的贵贱差别，只是人为的妄诞，人落入贵贱之别，追求高贵而舍弃低贱，则是丧失了自我，去追求浮华之物。且高以下为基，弃低贱，去求高贵，就是舍弃了根本，不得其死。

二可理解为天地、圣人皆彻底无心，即无所谓爱，只是任自然。他们只是创造了一个场，齐一场中万物，皆视作草木走兽，使其自生自灭。不过他们也是以此实现了万物的平衡与持存。他们不偏爱一方，故各方相竞，反而各自相适，皆得生养。这样的解读与西方的上帝创世造人观念颇有相合处（当然也非完全相合）。

在这种解读下，圣人无所谓仁心仁术，不被观念执念所缚，才能不僵化，有生机。对于治国者而言，礼乐法术等皆繁复不真，是妨民害国之举，唯有坚守自虚，无为处之为是。当自己去践行道时，如同踩踏皮囊而风气会不断流出一样，邦国的事物也会自在自化，欣欣向荣。

最后需要注意的是，这一章内容并不是说天地对人有着绝对的主宰力，我们不可将人无力化、无意义化。人不是所谓天地法则的奴仆，更不是杂草。否则，人就不是万物之灵。实际上，人是与天、地、道并齐的四大之一，每个人都至少具备这样的潜在能力，可以成为打通三才的王。人是创造主，是万物之灵，天地也只有在人面前，才是天地，人是宇宙的灵明和光。这也意味着人有更大的责任，不可以轻慢他物，也不能自我虚无颓废。因此，人首先要敬畏人，包括自己与他人，如此才能敬畏天地与万物。如果在天地面前，人只是待割的杂草，这是因为人不敬畏人，而这样的人必然是犬儒式的，将无所敬畏，乱象也是这样开始的。

六　章

谷神不死[①]，是谓玄牝。

玄牝之门[②]，是谓天地根[③]。

绵绵若存[④]，用之不堇[⑤]。

注释

① 谷：通假“浴”，指江海河谷。兼指一切具有中空形式的事物。神：无形而变化无穷。不死：生生不息。又河上公解“谷”为养，“神”为五脏精神。高亨解“谷神”为“道之别名”，“谷读为穀”，“实借为毂”，“生也”，“谷神”指“生养之神”，即解作具有力量的实体。

② 玄牝（pìn）：牝，本义为雌性生殖器。此处喻指最根本的、最原初的孕育场所。门：入口。偏指门户之后的空间，即大门之后的中空。又河上公解“玄牝”为天地，对应鼻口，是吐纳的门户，而指“门”是元气交互的所在。王弼解作谷神虚无处卑守静，不可得而名，故如是称之。

③ 天地：代指天地间的万物。根：树木因有根而长，喻指发生、生长万物的因子。河上公解作天地的元气。王弼解作虚无与太极同根。

④ 绵绵：连绵不绝。修饰“谷”孕育出的事物。河上公解“绵绵”为若有若无，气息当柔和、自然。王弼解作欲言其存，不见其形，欲言其无，生物无穷。

⑤ 堇：马王堆帛书本《老子》如是，穷尽之意。传本写作“勤”，河上公解作用气应舒缓不可急疾，王弼解作虚无化成万物而不劳。

评析

老子说：江海变化莫测，川流不息，孕育无穷，可以称之为最根本的孕育场。江海所能容万物的虚无，正是天地间万物得以生长的根本因子。而且它连绵不绝，永远也不会耗尽。

本章继续阐释道体虚无的重要性，以江海河谷为喻。江海之内虚无，亦无心。同时具有空间特征，对应牝。牝指雌性生殖器，此处偏指子宫，喻为万物孕育场所。老子注重形而上阐发，故天地之间、江海河谷兼指一切具有中空形式的事物。它们唯有虚无，才能生发万物。

本章除了具有自然虚无之意外，还转化为对修道法门的呈现。就具体语义解读而言，也有两种：

一是河上公之解。指章义是论说：生养五脏精神，可以永生，其道在于天地鼻口。天地鼻口的交互处，冲和着万物的元气。元气若存若亡，使用它要保持柔弱，不可急疾。他将玄牝与自然的天地、人的鼻口等对应，从而与元气的流行、人的吐纳养生等联系在一起。指人的七窍五觉是连通道与物的门户，道为虚无，若有若亡，而物为纷杂，总逼迫而来。七窍五觉若为雄、明辨，则是陷于五色五音五味的幻化。若为雌、守拙、柔弱，则是自虚自守，可体悟道。

二是王弼之注。他的解读更为直接、简明：太极与虚无同根，太极之所以能生出阴阳八卦，便源于虚无。同样，天地山谷中空虚无，因而能生日月星辰、山川草木走兽。而在人的层面，他舍弃了气息法、导引术的解释路径，直指人心为根，去欲望则养神合道，多欲则多亡。

当然，以上两者从治国者行政的角度来说，也是强调自虚无为，无撄人心，从而使百姓能够自富自化，生机勃发。

七　章

天长地久[①]。

天地所以能长且久者，以其不自生[②]，故能长生[③]。

是以圣人后其身而身先[④]，外其身而身存。

非以其无私邪？故能成其私[⑤]。

注释

① 长：生长。久：支柱，支撑。天长之，地载之。又河上公解作“天地长生久寿”。

② 不自生：生，营生。天地不生天地，而生万物。

③ 长生：长生万物，万物生生不息。又解作长久、永恒。

④ 后：退，居后。身：身体、生命、身份地位。先：前列，首要，重要。

⑤ 私：自身的存在，包括性命、名位、利益等。

评析

老子说：天长万物，地载万物，且恒长悠久。天地之所以能生长万物而不息，能长且久者，因其不生长天地自身，不谋求利己，故能孕生万物，能够长久。因此，圣人把自己的身份放在后面，反而成为众人的尊长，把自身置之度外，反而能保全自己的存在。不正是因为他大公无私吗？所以能成就他本真的存在。

本章继续以天地间的虚无，来明晓万物的持存状态都是从道而行，并劝人主法之。道因自虚故能容万物之返辅，因不自生自利故能生养万物。几于道的天地亦如是。天地为天、地以及两者间中空的整体。天地长久，既指它们生长万物而不息，也指它们的存在本身，包括尊贵之名——世人对它们的称颂恒久不灭。它们之所以能如此，完全是因自虚无我，不生长天地自身，并以此实现对万物的生养。

因此圣人也总是效法它们。这里提到了圣人之私。圣人所思所欲是求本真存在与恒久。存在包括他的性命、地位与声名，但同时又是指更为真切的存在，有“我自然”，而不是行尸走肉的木偶般的存在。恒久有自身的恒久，以及世界的恒久。圣人也是以自虚的方式实现了自身与世界的恒久存在。

落到具体层面，可以指有道君王取法天，自虚而好生。他虽高居百姓之上，如牧人骑于马背，但不断虚化弱化自身，如婴儿一般，使百姓无负担。也正因此，百姓才不会因疲惫而把他从身上拽下来。君王借百姓之身，站得高远，起到了为百姓指引道路与方向的作用，也可以说是以身为范，展现自然，因而也保全了其优先且重要的地位。最后，他不以这些为私产，置身于百姓之中，使得后者将其视为自身的一部分，也因此保全生命、地位与声名。

这里需要注意的是，一般解读都将圣人之私对立于常人之私，认为常人之私，自生自利，而将圣人之私解作大公，这过于纯粹，失老子意。老子身处乱世，其间数百诸侯身死国灭，他要回应的正是君主如何保身全国的疑问，岂能离却这些诉求而空发议论。故老子肯定无名，也肯定有名，即恒名。倡导无欲，也说有欲，劝诫君王有欲于恒名。这些都是圣人之私应有的内涵。即圣人之私，不自生而生万民，不自利而利百姓，但同时也有保全自身生命与地位的希求。

八　章

上善若水。

水善利万物而不争①，处众人之所恶②，

故几③于道。

居善地④，心善渊⑤，

与⑥善仁，言善信⑦，

正善治⑧，事善能，动善时⑨。

夫唯不争，故无尤⑩。

注释

① 不争：不争高抢先。水性清静而下流。

② 恶：厌恶。众物不喜之处——卑下。

③ 几：靠近，接近。

④ 居善地：水居推崇平地，在草木之下。

⑤ 心善渊：水心虚无，渊深清明。

⑥ 与：通“予”，给予、施予。

⑦ 言善信：水鉴万物，不曲万物之形。

⑧ 正善治：水至正，净洗万物。

⑨ 动善时：和于四节，夏散冬凝，应时而来。

⑩ 尤：罪责，怨恨。

评析

老子说：至高的善如同水。水基于本性、发于本能地利益万物而不去争利，居处在众物所不喜的卑下处，因此近于道。它喜欢流行于平地，在草木之下；心体虚无，却渊深清明；施予万物而生养之；照鉴万物，呈现它们真实的样貌；至正而能净洗万物；侍奉万物，能曲能直，能圆能方；行动合于四季，应时而来。始终利物不争，守弱处下，故无物怨之。

本章继续以江海之虚明晓道体虚无、道用无穷，强调在世界中，水近于道，原因在于水利万物而不争，且处众物所不喜处，即辱垢低贱处。水也基于本性、发于本能地利于万物，同时又不与众物争居善地或博取善名。也正因此，众物不与之争，以其为基。

之后的解读则有两种。一是继续将后面的文字解读为水本身的品行，解读为利物而不名不有、不争而处下等的具体表现。当然，正如上文所阐述的那样，世人效法之是隐含其中的应有之义。二是直接将它们理解为众人法水之行，即有道之士自虚自损，不名不有，心如渊海，和光同尘，居于平地；总以正道修齐治平，在修身方面，言必信，行必果；与人相处，坚守慈爱，施而不望其报，利而不宰；且以量己量他人之能而行事、以时命为规而动作，总是观照万物的生发与归辅而不敢妄作，辅之自然。

若将其落实到治国层面，则指君王等在高位者择居造屋，喜从平地；心思渊深，包容众生；施化万物，损有余而补不足；政令言行一致；行政崇尚条理大治；举大事，量力而行；巡狩四方，择时而出，不违农时。只要不与民争利，就不会招致民怨与罪咎。

九　章

持而盈之①，不如其已②；
揣而群之③，不可长保。
金玉满堂④，莫之能守；
富贵而骄，自遗其咎。
功成身退⑤，天之道也。

注释

① 持：用手抓握。盈：满溢。

② 已：停止。

③ 揣而群之：马王堆帛书本《老子》如是。揣，怀抱。群，众多。后世转为“揣而棁之”，以“棁”通“锐”，解作刀刃锐利，指兵刃之用在于锐利，但若过分税利，则薄且脆，反而难以维系存在。

④ 金玉满堂：堂，大屋或室外大堂。指财货溢出内室，积于外堂。

⑤ 退：退其高位尊名厚利之私。

评析

老子说：抓物满溢于手，不如停止抓取；抱物满怀，不可能长久保持。金玉满溢于堂前，无法藏守；至贵极富而骄人，是自招祸患。功业成就而及时身退，是天之道。

前几章借天地、江海，论说大道虚无之用，本章开始以近身事物申论。就大者而言，即指虚无是事物功用的来处，圣人不以物累形，毋因贪婪而失却本性及功用，应自虚以归真。

纵观本章行文，也是文理昭昭。以手、怀抱、房屋、名位以及各自的功用持存言之，由近而远，由小而大，颇为精彩。双手的存在在于其功用，而其功用在于抓取。如果抓物满手，双手不再能抓取他物，即失功用，手就不为手了。如果想要恢复功用，实现其存在，须丢弃所持之物。那么，先前出于贪欲的所为便毫无意义。怀抱之用，在于收揽，但所取东西过多，怀抱也难以保有。房屋的功用在于收藏，但如果收藏过多，则房屋也就不再有收藏的功用，也就不是房屋，房屋也就不存在了。尊贵富有的功用在于使人过得更幸福，如果过度而骄人害己，则富贵反而不是富贵了。这就是“有之以为利，无之以为用”的另一种表达。

同时，我们也可以将其理解为描述一个由双手抓握到捧个满怀，再到藏宝一室，最后至富且贵的最高点的完整过程，表现了富贵状态及相应贪欲的逐步提升。抱物满怀，人因此失去行动力，伤人本性，受其累矣，其势不可长保。持之不足，又揣利器继续盘剥，乃至造屋藏之。金玉盈室，则心系之、身守之，无时不受其累，此失人道矣。且金玉盈室又类“民困而不知救”，自招盗匪之行，终不能守。位居高处，殖货至极，贪得无厌，富贵且骄，失道矣。亢龙有悔，自招罪咎。功已申述，天下知之，声名自成。当此之时，声名大过其身，是最大负累，毁身亡国，皆近在咫尺。

面对以上种种，老子以“天之道”劝诫之。前人多将其解作自然之理，乃似是而非之论，有大而无当之嫌。“天之道，损有余而补不足。”盈手、满怀、盈室、富贵而骄，功高名盛，皆有余之状。天之道，即劝诫富且贵者虚心弱志而谦退其身，方可成柔弱以生之德，避刚强而死之咎。

天之道根本在于归返，返回本初。所谓本初，即指天然之初。我们只是一身心，原初就是一赤子。此身之外，一切皆余赘。所取越多，负累越大，乃至身不由己。如此，则是丧失自我，是大愚行、大危殆。因此，“急流勇退”的“流”总指世俗的种种名利信息，围绕于周身，瞬息万变，而人如不系之舟，往往只能随波逐流。而“退”则有全退、裸退之意，指退却一切身外物，回到赤子身，彻底地归根复命。对人本身而言，人只是赤子，只有一身心，名位皆外物，复归赤子状态是真正的归根。

当然，就世俗而言，人总是在各种名位之中，甚至人的社会性存在也与名位有关。因此，针对名位层面而言，这种退就是保持初心和正常的状态，不要过度膨胀，不要超出原初身份的位与名利。而对于在位者，尤其是治国者而言，“民之饥，以其上食税之多”，故尊贵者有余，百姓不足矣。在高位者应当自虚，贵辱患，处下与民同在，乃至“后其身”，如此才能得全身于天下，避免毁身之祸。

十　章

载营魄抱一[①]，能无离[②]乎？

专气致柔[③]，能婴儿[④]乎？

涤除玄览[⑤]，能无疵乎？

爱民治国，能无知[⑥]乎？

天门开阖[⑦]，能为雌[⑧]乎？

明白四达[⑨]，能无为乎？

生之，畜之。

生而不有，为而不恃，长而不宰，

是谓玄德。

注释

① 载：处。营魄：河上公注为魂魄。一：冲和，混一。

② 离：涣散。

③ 专：专守。致：致使。

④ 婴儿：婴儿无思虑欲望，精气中和，拥有和境。

⑤ 涤除：洗涤，修除。玄览：心。河上公注："当洗其心使洁净也。心居玄冥之处，览知万事，故谓之玄览也。"

⑥ 知：智巧，巧便的策略。

⑦ 天门开阖：王弼解"天门"为"天下之所由从"，"开阖"为"治乱之际"。又河上公解作："治身，天门谓鼻孔，开谓喘息，阖谓呼吸也。"即指"天门"为人首门户——眼、鼻、口、耳，指"开阖"为物接与否。

⑧ 雌：迟钝。安静柔弱，和而不唱，顺而不为。

⑨ 明：荣光。又解作“独见”。白：照耀。又解作晓畅、通透。四达：通达于四方。

评析

老子说：居于魂魄而抱两者为一，能不分离吗？专守精气中和以使身体柔和，能像婴儿那样吗？洗净心灵观照万物，能没有邪念吗？慈爱百姓以治国，能不用智巧吗？国运盛衰变化，能保持守弱处下吗？荣光照耀于四方，能坚守无为吗？（七窍开合，能够保有愚拙吗？心灵光明通达，能无为吗？）生育万物，畜养万物，生而不占有，施化而不望其报，使它成长而不为主宰，这就是不可见的至德。

与上章天道对应，本章论述玄德。此处由人理起论。关于“载营魄抱一”内涵的问题，我们只要以“婴儿”为眼，将它与“万物负阴而抱阳，冲气以为和”作对照，便可迎刃而解。万物负阴抱阳而成，人亦然，故只有精不离魄，才不失其本，不失其性。不然，精离其宅，其神涣散。因此，老子劝诫君王毋使精魂离魄。

在此基础上，涉及养气问题。古人认为气是使人刚强的原因。孟子曰：“我善养吾浩然之气。”（《孟子·公孙丑上》）谓养气而使充沛于身心，可使至刚至大。老子也说“心使气曰强”，但同时强调“物壮则老，谓之不道”，主张“专气致柔”，即集聚全身之气，不使流窜于身，从而使身心保中和，守柔弱。婴儿之比，也是此意。老子曰：“含德之厚，比于赤子……终日号而不嗄，和之至也。”又指万物负阴抱阳，冲气以为和。冲即调和阴阳，聚气于一，使心虚志弱。老子的意思是说，婴儿的冲气已有和之境，当法之。在养气之后，则洗涤心灵、观念，使其无尘埃瑕疵，不被智巧、礼仪、声名之欲所污染。

进而涉及爱民活国问题。相关文字与“圣人无常心，以百姓心为心”“百姓皆注其耳目,圣人皆孩之”以及“以其无死地”三段文字相照应,是其高度而抽象的概括。君王白心,则不以仁义礼乐教化和统治百姓,不令邦国成为死地,只是生养百姓,不敢自为主宰,实现尊道而行之德。

在活国之后,涉及天下的治与乱。大道流转,事物有盛衰,天下的治乱亦然。因此,君王应始终为雌下,即使平和了万邦,也不要以智巧而为,须坚守生养,不有不弃,实践无形无象的至德。

河上公等对相关内容的解读也大体如是,只是个别字句有所转化。如“天门开阖,能为雌乎?”,河上公解“天门”为人首门户,即眼、鼻、口、耳,“开阖”为四户的开启闭合。目见五色之美则启,睹心之所恶则阖;鼻嗅芳香之美则启,遇心之所恶则阖;口尝五味之美则启,遭心之所恶则阖;耳闻五音之美则启,听心之所恶则阖。世人以能辨五色、五音、五味为明健、雄辨,实则是陷入其中不能自拔。五色、五音、五味令目盲、耳聋、口爽,使人失却本性真用。能明辨其别者,看似昭昭察察,其实昏昧,离道远矣。老子劝诫君王守雌,即劝其闭合物接之所,玄之又玄,莫贪婪纵欲,执着于声色犬马,以免失却本真,自招其咎。此与上文虚心弱志如婴儿之诫相照应。

同时,这种解读也可与后面的“明白四达,能无为乎?”相照应,即指心如明镜,达于四肢,四肢因之而静,而无为,即君王心如明镜,不被礼乐文化、世俗陈见所染着,不以礼仪制度、仁义知识教化和统治百姓,只是行无为之治而已。如此才能实现无为而无不为——不表现其迹象,却治平天下的至德。

总之,本章主要内涵有二:其一,老子以修身为虑,望君王法婴儿之道,冲气为和,毋为贪欲所系、外物所累,从而归复本性;其二,以治国为虑,望君王洗净其心,毋为礼乐染着,不以“智”——由仁义文化所形成的意识形态及相应的统治术治国,从于道,行无为之治。

十一章

三十辐共一毂[①]，当其无，有车之用[②]。

埏埴以为器[③]，当其无，有器之用。

凿户牖以为室，当其无，有室之用。

故有之以为利[④]，无之以为用。

注释

① 辐：车轮承条。毂(gǔ)：轮中圆木，内中空，可插横轴，外与车辐相连。

② 用：功用，功能。

③ 埏(shān)：糅合。埴(zhí)：黏土。

④ 利：便利。

评析

老子说：三十条车辐集中于一个车毂，正是因为它中空虚无，才有了车子的功用。糅合陶土为器具，正是因为它中空虚无，才有陶器的功用。凿开门窗以建窑室，正是因为它中空虚无，才有窑室的功用。因此，有使之便于持握(实体可以为借助)，无使之获得功能(虚无是功用的来源)。

本章指万物的存在源于有无相生，以及由实有与虚无形成的利与用。物有实体，人才能借之而得利。虚无是功用的来源，保有功用即保有本性。若虚无被填注，则功用失，本性丧。大到星河，小到原子，皆如是。文中以车轮、陶器、房屋等明之。

首先，车轮是由中空的车毂与实有的车辐构成，如缺少其中的任何一样，都不会有车轮的功用，也就无法确立车轮的存在。房屋亦然，如没有实有的四壁、虚空的窗户以及四壁所围成的中空，就不会产生房屋的功用，那房屋就无法实现其存在。

其次，车毂因有实体，故可借之而乘坐以得便利；陶具因有实体，故可借之以盛物而得便利；窑室因有实体，故可借之以蔽风雨而得便利。若车毂无实体，人安得而乘？若器无实体，人安得而盛？若室无实体，人安得而蔽风雨？故物因其有形有质，人借其实体而得便利。但同时，种种便利皆源于物之功用，而物之功用，源于其体的虚无。毂因虚无而能承轴，器因虚无而能盛物，室因虚无而能纳人，从而使借用者得其便利。故便利从功用处出，功用源于虚无。

当然这个虚无需要做更深入、广大的理解。它并不一定在有之内，也可以在有之外。以锤子为例，我们所见的直接形体是实有的，它内部并无如杯子一样的中空，但也是有无相生。它的虚无在于除其实体之外的广大空间，也就是天地间的虚无。如果没有这个虚无，锤子无处可挥舞，也就无法确立自身。其他类似事物也皆如此。

从根本上而言，事物的虚无直接源于天地间的虚无，扎根于道。如杯子、房屋的虚无直接连通于天地间，如果对杯口、窗门加以封闭，斩断它们与天地间虚无的联系，也就无法确立杯子、房屋。而封闭的气泡气球得以存有，除了在于内部的虚无外，也在于薄膜外天地的虚无。锤子甚至没有实体内的中空，但扎根于身形外的虚无而得以确立。从某种角度而言，也是外在的虚无赋形了具体的事物，如我们日常所见是大树扎根在大地上，其实也是大树的虚无扎根在天地间的虚无中，如照片的负片。只是常人只能看有，未看到无罢了。

同时，这也说明了自小的作用。如果锤子变得无穷大，塞住整个天地间，那便没了虚无，锤子也就不是锤子了。因此，事物若要保持本性功用，须自弱自小。这也是另外一种自虚，为自己留下更多无尽的虚无。

十二章

五色令人目盲，

五音令人耳聋，

五味令人口爽[①]，

驰骋畋[②]猎令人心发狂，

难得之货令人行妨[③]。

是以圣人为腹不为目[④]，

故去彼取此。

注释

① 爽：差错。

② 畋(tián)：打猎。

③ 妨：妨碍，不便。

④ 腹：代指基本的生活。目：代指过度的娱乐欲求。

评析

老子说：五色令眼目迷乱，五音令耳朵失聪，五味令味觉失灵。驰骋狩猎令心绪发狂，奇珍异宝使人难以做出正确的行为。因此，圣人强健身体不放纵欲望。所以当去除欲望，取守虚无清静。

本章继承上章的思想，继续言说人也是有无相生。道无色、无声、无味，物则有无相生，要保持本真，应有无冲和，以虚无持守有，以有回归虚无，不可偏于一端。

人也是此理。人之所以为人，即因为人如房屋般，拥有如壁实有的躯干四肢、如窗虚无的耳目鼻口等七窍，以及由它们所围成的如房屋内部中空般的那个虚无的心。人若放纵欲望，失却心体的虚无，自以为追求并占有了外物，其实是被外物占有了自我。人被外物占有，则非“我”视色、“我”闻音、“我”尝味，而是声色犬马占有了“我”。落此境地，则伤本性，失自我，入邪途矣。

同时，人也要自小自弱。如果自大骄傲，就如同将自己的手脚、身体充塞了包围于我们的虚无。我们也就失去虚无、失去空间与时间，寸步难行。万物塞于七窍前，也无法视听。手脚七窍失去功用，人也就丧失了真吾，不成为人。

老子的用意是劝诫世人把握道，以道观照自身与万物，从而解放虚无，保有本真。“为腹不为目”既指出物有无相生，在有无之中，故应持守最基本的有，又表明不可沉溺其中。世人常贪于有，而消灭、吞噬无，总沉溺于五色、五音、五味，只会离道愈加遥远，永远不能体悟道，也无法真正把握物，所以目盲、耳聋、口爽。且有极则灭，物的我就无法持存，只能被迫地回归道。如果生而有灵的人，最终在对物、我、道皆茫然之下终结了一生，殊为悲哀。

同时，老子也是以此指出有道君王修身不是让外物来满足欲望，使自己被填满，而只是实腹，同时不使自己自大，总是守弱处下。治国亦然，保护人之本性，而非率民逐外物。在老子看来，若君王自恋外物，又驱民逐之，就是驱民于死地。此亦后世孟子所谓率兽食人。兽，非人。人之心魂为外物所夺，徒为行尸走肉。人非人，即是新禽兽。新兽又掠食真人。后者或堕落为兽，加入食人之列，或被食，消失世间。总之，当率兽食人发动而不可阻止时，世间便不再有人，世间便不再是人间，只是炼狱。再加上若人人自骄自大，将自身充塞于宇宙，则物物无隙，彼此拥挤在一起不可动弹，只是僵持罢了，世间更是无间地狱。

十三章

宠辱若惊[①]，贵大患若身[②]。

何谓宠辱若惊？

宠为下[③]，得之[④]若惊，失之[⑤]若惊，

是谓宠辱若惊。

何谓贵大患若身？

吾所以有大患者，为吾有身，

及吾无身，吾有何患？

故贵以身为天下，若可寄天下[⑥]；

爱以身为天下，若可托天下[⑦]。

注释

① 宠：推崇，动词。辱：垢、下，名词。惊：繁体“驚”，“警”的讹字，戒也。后人大多发挥为：身宠亦惊，身辱亦惊，因为宠辱同根同门。

② 贵：以之为贵。大患：生命为形役，以及身死、名灭、社稷绝等。身：身体、生命、身份地位，有这些则有欲望、疾劳。

③ 宠：推崇。为下：处下。又解作得宠为低贱之事。河上公本衍为“宠为上，辱为下”。

④ 得之：得守弱处下之道。能够明白持守，是谓得之。

⑤ 失之：持守不坚，即谓离却大道，迷失其路。

⑥ 贵以身为天下，若可寄天下：推崇以现在所有的身份、名位为百姓着想，这样可以寄居在天下中。又河上公注为人君贵其身而贱人，欲为天下主，则可以寄立，难以长久。王弼注为人君贵重自然之身，无物可以易之，则可

寄托天下。

⑦ 爱以身为天下，若可托天下：好之不如乐之。衷心以现有之身份、名位为天下而行大治，则可托身在百姓之上。又河上公注为人君能爱其身，非为己，乃欲为万民父母，则可以为天下主，托身万民之上。王弼注为人君爱自然之身，无以损之，则可以天下付之。

评析

老子说：以辱为宝，守之如戒。重视大患，如同自己的身体与名位。何谓以辱为宝，守之如戒？即以处下为宝。守辱如行戒，失之如失戒，不可须臾而忘，故曰以辱为宝，守之如戒。何谓重视大患如己身？我之所以有被人以及社会厌弃而身死、名灭、社稷绝之危，是因有身体、“贵高”的身份名位以及种种欲求。等到我无此身体、身份、名位与欲求，我哪里会有由此而来的灾祸呢？因此，推崇以其身为天下谋利，这样就可以寄居在天下之中；由衷乐爱以其身为百姓谋福利，这样就可以托身于百姓之上。

本章的解读可从《老子》的基本思想以及此处具体字句的结构出发。《老子》曰“上善若水。水善利万物而不争，处众人之所恶，故几于道”“江海所以能为百谷王者，以其善下之，故能为百谷王”“知其荣，守其辱，为天下谷”“受国之垢，是谓社稷主，受国之不祥，是为天下王”等等，皆是劝诫君王以“辱”为宝，守弱处下。以此出发，再看本段字句的行文结构。

现将相关文字去其枝叶，取其主干，可得“宠辱若惊，贵大患若身。何谓宠辱若惊？(答之)何谓贵大患若身？(答之)贵以身为天下，若可寄天下；爱以身为天下，若可托天下”。可知本段行文结构大体为，每一主句下设两分句，分句间近乎对仗。故“宠”“贵”相对，俱为动词；“辱”“大患”相对，俱为名词；“惊”“身”相对，俱为名词；“贵”“爱”相对，俱为动词。因此，以往较流行的将“宠”“辱”对应，解作受宠、受辱的做法，与句法结构相悖，不能成立。同时，文中“宠”“贵”相对应，“贵”又与“爱”对应，可知“宠”“贵”“爱”三者义近。《说文》曰：“宠，尊居也。”在此为推崇、珍惜之义。句法结构辨、关键字义明，释文难点自可迎刃而解。

“宠辱若惊”：宠，推崇。辱，垢、下。惊（驚），《说文》：“惊（驚），马骇也。”段玉裁注：“驚与警义别。《小雅》：徒御不警。传曰：不驚，警也。俗多讹驚。”“驚”即“警”的讹化字，戒也。全句意为以辱为宝，守之如戒。“贵大患若身”：圣人重视大患，如同自己的身体与名位。

老子以此为基础，继续阐发君王治国论。他一贯认为君王因其无私，故能成其私，后其身而身先，外其身而身存。君王要以百姓之心为心，以己身为天下，如此才能将身寄居在百姓之前，乃至托举在百姓之上。相关思想也与悠久的“人牧”观念相关。古时人牧牛马，骑于牛马之上，以此牵引畜群。时人以此作比，指君王治国也如是：莅民之上，牵引百姓。比如《孟子·梁惠王上》即有言曰：“今夫天下之人牧，未有不嗜杀人者也。”除此之外，古有“州牧”之官，牧一州。而老子则将此最大化，有言曰“圣人执一，以为天下牧”。“天下牧”即牧四海，是“王”的代称，与“百谷王”相合。另一方面，《说文》曰：“母，牧也。从女。象怀子形，一曰象乳子也。”段注：“牧者，养牛人也。以譬人之乳子。引申之，凡能生之以启后者皆曰母。”古时“牧”“母”同义。故老子思想中，“天下牧”与“万物母”对应，也常言“天下母”等等。

从人牧观念出发，君王“骑”身于百姓之上，因此他的“轻重”直接影响后者的生活。若君王“沉重”，则百姓苦之，若君王“虚轻”，则百姓乐而不厌，恰如婴儿在父之肩。故老子劝君王法婴儿之道（虽非尽是因此，但其自是一因）。总之，其核心思想即劝诫君王处高贵之位而善下，虚心弱志，不使百姓受其累，从而使百姓弗厌而乐其在上，最终达到“夫两不相伤，故德交归焉”“执大象，天下往。往而不害，安平太”的大治局面。

当然，后来河上公、王弼等对此章的字句与思想解读，又做了较大转化。解读为：受宠和受辱都应感到惊恐，重视大的祸患要像重视身体一样。什么叫作受宠和受辱都要惊恐？受宠是下等的，得到它要感到惊恐，失去它也要感到惊恐，这就叫作受宠和受辱都要感到惊恐。什么叫作重视大患如同自己身体？我之所以有大患，是因为我有身体，等到我没有身体时，我又会有什么祸患呢？因此珍惜身体，以此治天下，则可以被寄托天下。爱惜身体，以此治天下，则可以托付天下。

也就是将“宠辱若惊”转化为荣辱同门同根，劝诫不要分别荣辱，毋追求声名。受宠，不仅在于他人施宠，最为根本的是自我的求宠之心，有此心，则说明外求。在自身之外，另立了依凭，是失吾丧吾亡吾的表现，故是下等的。此外，对该篇解读的最大突破是对“身”“大患”“天下”等内涵的发挥。

“身”，具有身体、身欲、身份、性命等多重内涵。身体是人的宝具，人据其才得以存在，即“生”。身有维系自身持存的本能，常有执着于存在的意念，其持存有赖于养护。身的存在是敞开的，与世界沟通着，会形成一定的欲求。如果执念过重，养护过厚，或者对身外的信息过于痴迷，被五色、五音、五味所制，则会被欲望、外物反噬，失去自我，乃至身毁。同时，有身而有身份。身份常常寄寓着个人的成就荣誉，以及家族、邦国的昌盛。高贵的身份是宝具，但又可以使人傲慢，心生偏见，从而无知，乃至不友善他人而积怨，最终导致身灭家毁国亡。最后，也是最为基础，又最为根本的：身即性命，在一定程度上就是天下、世界。当一个人的身被外物虚名所构造、扭曲、牵引时，则如木偶。真正的自我丧失，其性命与世界便是妄诞。

以此出发，则贵身、爱身也有相应的内涵。可以将其理解为正视身体，既要自觉它是人存在的依据，也要明晓由其衍生出的欲望，且唯有调和，才能长生久视。身居高位，更要守弱处下。圣人修身，治国只是余业。以修身之理治国，则无不治。且归根到底，身即天下，修身即筑造世界。爱真身，才能做真吾，才能栖居、寄游于真世界。

当然，我们现在也可以说，肉身只是天地的委形，而身份、名位是人民的赋权。既然高贵的身份、名位皆源于人民的赋权，那么也自然不是吾所本有。同时，既然暂借此身，则应该以此身为人民谋福利。这也是本章在当今时代的应有之义。

十四章

视之不见名曰微[①]，
听之不闻名曰希[②]，
搏之不得名曰夷[③]。
此三者不可致诘[④]，故混而为一。
其上不皦[⑤]，其下不昧[⑥]。
绳绳[⑦]不可名，复归于无物。
是谓无状之状，无物之象，
是谓惚恍[⑧]。
迎之不见其首，随之不见其后。
执今之道[⑨]，以御今之有，能知古始[⑩]，
是谓道纪[⑪]。

注释

① 微：马王堆帛书本《老子》如是，意为藏匿、隐蔽，不被见知。传本此处作“夷”。

② 希：罕。大音希声。

③ 搏：抓摸，持取。夷：帛书本《老子》如是，意为灭，身形亡灭。传本此处作“微”。

④ 诘：诘问，也就是计算、分析。河上公注：“不可致诘者，夫无色、无声、无形，口不能言，书不能传，当受之以静，求之以神，不可诘问而得之也。”

⑤ 皦（jiǎo）：白日，明也。

⑥ 昧：日末，昏暝幽暗。

⑦ 绳绳（mǐn）：连绵不绝。

⑧ 惚恍：若存若亡，渊深缥缈。

⑨ 今之道：帛书本《老子》如是。传本作“古之道”。道无古今，亘古之道。但言今道可以避免崇古心态，也强调当下才是一切的开始与立足点。

⑩ 古始：上古初始，物之古貌、根本。

⑪ 道纪：纪，别首而梳理众丝。指得道者以古始理万物治万物。又河上公注：“是谓知道纲纪也。”解作得道的总要。

评析

老子说：用眼去看它，却无法见，称之为藏匿、隐蔽；用耳去听它，无法闻，称之为无声；用手去摸它，无法触及，称之为无质。三种状态不能分而别之、查其究竟，始终处于混沌为一的状态。它上无光明，下无幽暗，昏昏蒙蒙、长而不绝，不能区分、定义、描述，是一种复归到无物的状态。即所谓没有形状的状态，没有事物的样貌，即所谓惚恍。迎着它，看不到它的初始；跟随它，看不到它的结尾。理解把握当下之道，以驾驭当下的万物，以此而知物之古貌，得其根本。这就是所谓以道梳理、理解、把握万物。

本章论述道本身的特点及其规律。老子将道比作沧海。惚恍，本字是沕恍，意象原型为沧海。沕，指江海本身浩渺而多变化。恍，指望海而知其无所止。首先，沧海浩瀚，故视而不见其全貌；风涛交迫，音声洪大而人不得闻；无形海水，人抚之而不得。海之一角，尚有不可得者，况沧海之全部及其实体。“其上不皦，其下不昧”，《山海经》《天问》皆称日月星汉居于沧海下，曹操《观沧海》亦云：“日月之行，若出其中。星汉灿烂，若出其里。”沧海涵包日月星汉，依然玄冥，至光不皦，至暗不昧。这些皆喻明了道的特性。其次，得道之一角，可知其根本，知今之道，可知其全部。道寻寻无尽，无始无终，亘古自在，且一以贯之，故执道之今，便可得其全部。得道则知物，以此驾驭当下事物——种种名目、制度，皆能知其本来面貌。知其始，可得其终矣。最后，相关内容的落脚点是“道纪”。即劝诫人们回归道，以道治理天下万物。简而言之，回归虚无，以自虚实现他者的实有——以虚无为路径，使万物生发，从而也实现了自身的持存。当然，要深入理解这些，我们尚不能局限在文字所传的表面意象中。

混沌与世界之间存在紧密联系，又有根本区别。在混沌处，一切无分别。在世界的筑造中，道是与天、地、人并立的四根之一，作为边界而存在，是分别。且它是以虚无呈现实有。因此，在一定层面上，道便是“有无相生”。道其上呈现为无与有、阴与阳，其中为明与昧，其下为线条、颜色、软硬、冷热等等。同时，与四根不能独立存在、需要彼此依赖一样，这些具体边界也还只是潜在，并未真正确立出来。如明与昧需要光，它们的照应确立了光，也是光照出了明与昧。在光没有出现时，明昧还是潜在的，其他边界也是如此。在万物造化初始——也可以说是与之同时，光开始出现。这个光不是太阳光，而是人的目光，源自身体及其五觉、思想，是我们的观察、思考与猜度。我们以此分别了云云物象，建构了世界，也生活于其中，日常所见的都是物世界。当然，人的目光也无法脱离天地的明昧而确立出来。天为明，地为昧，它们的明昧也是人之目光确立的要素。而目光的聚焦即意味着通道的展开与抵达。所以道也是与其互为依托的所在。

总之，道体虚无。道后来作为边界，渗透在物象中，但究竟不是物象。唯有离开物象的分别，目光看到物象，又离开，着落其间，才能见道。这叫作两边之见的中观。以看到物象而脱离物象，而注意其间虚无，以中观实现两边之见，而照彻出道。在观照道之后，立于道墟，又反过来再看两边之物象，这样就能得物之所是，生发万物也在其中了。道的观照不是说要使五觉被剥夺，才能见道、闻道。离开五觉意识后，是什么都见不到，是混沌空寂。不在世界中，看不到物，自然也无法照见其间的道。当然，在知道之后，就能了解物与世界。如同在明晓无分别之后，就能也才能真正理解分别。

十五章

古之善为士①者，微妙玄通②，深③不可识。

夫唯不可识，故强为之容④：

豫兮若冬涉川，

犹兮若畏四邻，

俨兮其若客⑤，

涣兮若冰之将释，

敦⑥兮其若朴，

旷兮其若谷⑦，

混兮其若浊。

孰能浊以静之徐清⑧？

孰能安以久动之徐生⑨？

保此道者不欲盈，

夫唯不盈，故能蔽不新成⑩。

注释

① 士：以道纪物者，得道之人。

② 微妙：深藏若虚，玄妙难知。玄通：幽深，通达。

③ 深：深远，深奥。

④ 容：形容。

⑤ 俨：端庄严谨。如客于主人家，小心翼翼，不敢妄为。

⑥ 敦：质朴。

⑦ 谷：山谷。

⑧ 孰能浊以静之徐清：河上公注："谁能知水之浊止而静之，徐徐自清也。"王弼注："浊以静，物则得清。"

⑨ 孰能安以久动之徐生：河上公注："谁能安静以久，徐徐以长生也。"王弼注："安以动，物则得生。"

⑩ 蔽：遮挡，隐藏，和光同尘。又解作"敝"，指为陈旧、破败。新成：显示功名。又解作崭新。

评析

老子说：古之能以道纪万物者，隐匿、不别于众人，又幽思深远、通达物性事理，实在难以标别于他者而认知。正是因为他们的道德难以直接标识得见，所以勉强地形容他们的样貌：他们总是战战兢兢，非常谨慎，像在冬天里跨渡冰河；总是迟疑不果决，如畏惧周围的人与事；端庄拘谨，如做客于主人家；精神涣散，像是冰雪将要融化；敦厚质朴，像是未雕刻的木材；深远开阔，像是宏大的山谷；昏昏沉沉，如浊水一样。谁能在浑浊之时，静止而自清？谁能在安静至久之时，发动气息而徐徐生长？保有道的人不会欲求满溢。正是因不满溢，所以能坚守和光同尘而不显其高贵功名。

本章称颂有道者之德。所谓“道者同于道”，同气相和而显于内外。道是和光同尘的，以道纪物者自然也是如此，故无可称之貌，无可志之功，处在众人中不可别，然通万物之性，明古今事理，见毫末如斗日。故只能取其大义，颂扬其德而已。文中“豫”“犹”“俨”“涣”“敦”“旷”“混”等皆是气韵神理而非形貌。

就深层内涵而言，道体虚静，以此实现万物的生发造化，又使万物行归辅。对于万物而言，守静与返动皆为内在属性，安其性，可自然成功。如静为清内在因子，静者自清。返动为变化内在因子，动者归根。故静者，不能使之浊。动者，不能不归根。因为它们保有其性与内在因子，不被外物左右。且保有静动之性不致浊、定，而能自清、自生者，永远处于生长状态。如求盈溢，则成形定型，物极必灭。老子从此理出发，自然强调阴阳中和，动静相宜，避免满溢以致衰败的命运。主张藏守、守拙，不急着追求新化与显示成就，倾向于保守。但这种保守并非僵化，而是徐徐变化、不断冲和的状态。

如个人以此而行，不会僵化、固我，又不至于撕裂自我，即是有空间与时间的，是自然而然的——自然而发以长成新的状态样貌。对于群体、社会而言也是如此。在群体中，大多数人倾向保守，稳中求进才是良性发展，激进虽可得于一时，但会撕裂群体，造成断裂与动荡。且这种影响不仅是横向性的、空间性的，更是纵向性的、时间性的、历史性的，难以回补。

最后，本章所论就世俗意义而言，则是论说在高位者保持自虚之性，则外界无法填充，不能使之满溢，故不会走到尽头而有伤及身的灾祸。保有至动，归复清静，施予他者，则不会有满溢导致的倾覆之祸。

十六章

致虚极[①]，守静笃[②]。

万物并[③]作，吾以观复。

夫物芸芸，各复归其根。

归根曰静，是谓复命[④]。

复命曰常[⑤]，知常曰明。

不知常，妄作凶。

知常容，容乃公，

公乃王，王乃天，

天乃道，道乃久，没身不殆。

注释

① 致：致力，实现，坚守。极：顶点，极致。

② 笃：笃定。

③ 并：争相。

④ 命：事物的本然状态与发展进程。

⑤ 常：永恒的事理。

评析

老子说：致力于虚无到达极致，守护清静要笃定。万物竞相生长，吾就以此来观照它们的归复。万物生发纷繁，皆将归复其根本。回归根本，就是虚静，就是回归自然本真。回归自然本真就是永恒之理，知晓永恒之理就是澄明之境。不知晓永恒之理，迷乱造作则非常危险。知晓恒常之理，便可达到包容万物之境。做到包容万物，就达到大公无私之境。做到大公无私，就会达到王的均养万物之境。成为王者则要继续效法生而不有、为而不宰的天。实现天的境界后，继续效法无为无名的自虚之道。实现自虚境界，则可以恒久，终身不会有灾祸。

本章指道体虚无而清静，道动归根而辅万物之自然，人当法之、坚守之。实际上可以以北极星、华表等意象来理解它。在星象中，极星为众星至尊，可以比作虚无为万物之本。极星恒定如一，守虚也当如是。华表岿然如山而知四时变化，也与此相类。实现虚无，如极星恒定而为众星尊。守静如立表，表不动如山，春秋变化尽知之。如果将这个意象与下文“万物并作，吾以观复”相联系，就非常形象了。

虽然道不离物、不远人，周身有道，万物自性固理之事也在于归复自然。但以自觉程度而言，也有分别。老子云水“几于道”，即指水最接近道，也体现出了在自觉方面物离道有近、有远。此处所言也有此意。

我们将“极”“笃”等解为极致、笃定，“明”“容”“公”“王”“天”“道”等直解为澄明、包容、公正、贯通三才、无形无象等。也就是劝诫世人晓得大道为根，虚无无为，万物云云，皆归此门。世人皆当握道而寄游于物世界。以自虚、清静、不别，而包容他者，公正万类，生养万物，辅之自然。坚守之，自然与他者相谐，则自身不殆，世界宁定，可得永年，长生久视。

当然，作世俗化理解，我们也可以将上面的境界与侯、公、王、天子等对应，形成一种修为提升而名位也相应变化的过程。即说自觉道体道动者，可谓明；澄明，便可达容万物之境；有家有土，可有国封侯；超越国别，平等列国，可为天下三公；生养天下，不为主宰，可达王界（所谓王有特定内涵，非泛指一般君王，而是“域中有四大，而王居其一”的王）；为王后，自悟为天子，代天而行，无私不仁，进而效法道，自虚、无为、无名；最后，坚守之，便可没身不殆，无薪斧之灾。也就是说，至尊极贵者保持自虚之性，则外界无法填充，更不能使之满溢，故不会走到尽头而有伤及身的灾祸，便可恒保其身其国。

老子总是劝人注意一念一行的连锁反应，念念不忘，必有回响，声音相随，永远震荡。因此总是观照始终，从开始观照终点，以终点复观自己当下之所为。故君子有所为，有所不为。一言一行，点点滴滴，不可不慎。

十七章

太上①，下知有之②，

其次，亲而誉之③，

其次，畏之，

其次，侮④之。

信不足焉⑤，有不信焉。

悠兮其贵言⑥，

功成事遂，百姓皆谓我自然。

注释

① 太上：最好的。与下文“其次”连用，表不同层次。又河上公注：“太上谓太古无名之君也。”王弼注：“太上，谓大人也。大人在上，故曰‘太上’。”

② 下：百姓。百姓知君王之存在，且仅此而已。

③ 亲而誉之：亲近、赞美他。

④ 侮：轻蔑，嘲讽，欺辱。

⑤ 焉：语气词。

⑥ 悠：悠游自然。贵言：珍言而稀发声，即行不言之教。

评析

老子说：邦国治理的最好情况是下民仅知君王的存在而已；其次，下民亲近、歌颂君王；再次，下民畏惧君王；最糟糕的是下民轻视、欺辱君王——君王平日滋彰法物，使自我失信，公信不足，于是下民不相信他。太上之治，有道君王总是悠游自然，非常珍惜自己的教令，行不言之教。当国家大治时，下民都会说这是出于自我本性，自行发展到这样的状态。

本章论说奉行道德的太上之治与奉行仁义礼乐法暴等其他之治的相应状态的区别，强调太上之治希言自然，自我标榜的苟且之治难以长久，自利暴虐的危殆之治只会带来杀身之祸，劝诫众人早归大道，尊道行德。

这个治是天人之治，可以是指治身，如太上之治可以喻指最佳的日常待人接物之法是含光隐匿、无为希言，于是彼此相忘于江湖，各适其是，而其他修身之法则不免被外物所拔引。当然，这个治也可以指治国。而且此处更多的是偏指治国。

就治国而言，本章区分了四种治国状态：道德之治、仁义之治、礼法之治、暴虐之治。其中，关于太上之治，部分版本有将“下知有之”写作“不知有之”的。“下”与“不”字形相似，在传抄以及雕版过程中出现讹误是常有之事。不过一字之差代表着对最高理想的认知不同。“不知有之”与“下知有之”的区别在于：前者是先天的无名之道的状态，以虚无为根，“无名”为本然，追求混同于众物而无一物的境界。圣人总是和光同尘，不分别于凡众，故也无人能分而别之，给予其名，如大家根本未注意到张三李四的存在。后者为后天有恒名之道的状态，也是世界中事物本有的状态，不加一分，也不减一分。大家都知某人为张三或李四，但不知其人有何作为，是名有何附加的尊贵。总的来说，老子所关注的不是先天虚无，而是后天实有世界中的道德。因此，“下知有之”更为妥帖。

老子说至上的邦国治理局面是君王奉行道德，自虚而行无为之治，百姓自然而然。道生养万物，其尊贵是万物给予的，不用封爵，永恒自在。得道者同于道，也会获得相应的结果。对应于皇、帝，皇即无私名，帝有恒名。次一等的状况是君王行圣智仁义之教而获百姓亲近。其中，圣，生而知；智，学而知，包括闻而知、见而知；仁，内在爱人；义，代表人与人之间的互利原则。君王以这些教化要求百姓，百姓也就以这些观念为依凭去生活、去做事。再次一等的状况是君王奉行礼法，百姓敬畏之。以上两种对应于王、霸，只是拥有短暂的虚名、伪名。最糟糕的情况是君王行暴政，百姓不堪重负而造反。这种局面里，君王身死国灭，留下恶名而已。

当然，在以上治国理念中，老子认为道德理念是可以讨论的，其他的都不足取，只是苟且之治罢了。而在相关处又涉及无欲、有欲等问题。前人多将欲解作人之世俗欲念，作贬义解，要人没有欲念，这是后学以佛注老的结果。老子并不否定欲念本身，只是注意对欲念内容进行区分：若君王欲私而与民争利，则斥之为盗匪；若欲从道行德以利物，则赞之为圣人。“我（欲）独异于人，而贵食母”“其在道也，曰余食赘行。物或恶之，故有道（欲）者不处”“我无欲而民自朴”“是以圣人欲不欲，不贵难得之货”等皆是明证。

也就是说，世上的君王有无欲于青史留名的，也有希望获得百姓称颂而留下万世之名的。老子面对这些君王，告知他们大道无私名，德有恒名，自古至今，其名不去。如果无欲于声名，那就用道德之治。如果有欲于声名，也应该用道德之治，用它们来对照自己的所言所行。从整体情况而言，大多数君王都渴望恒名，希望保身全位，传之后世，留下生前身后名，因此，老子以“太上，下知有之”的道德恒名之治建言之。

同时，老子也指出不论是道治，还是德治，都以君王内求、不纵私欲为基石。君王应吝惜精神，少私寡欲，减少对奇珍异宝、驰骋畋猎等的索求，无为无事，唯有如此才能减少对百姓的搅扰或索取，乃至给予百姓更多的事物，使后者自富自化，从而实现天下大治。

老子也是以此告知君王，他们目前所用治国之策、所得局面与声名都只是一时的苟且，无法长久，“不道早已”，应及时返道。同时，他也知道君王多是好大喜功者，会以太上之治难行为借口，苟安于亲誉之、畏之的现状，于是进一步警告说：唯有太上之治可以永久，即恒，其他的皆只是前者无法实现后的逐步堕落，即使是圣智仁义之治，也只是沽名钓誉，终会发展至被百姓厌弃的境地。故劝诫君王“不道早已”，早归于道。且“侮之”到“太上”，也仅一步之遥，君王自然处事，必可由“侮之”复归“太上”。

其实古今皆如是，只是“肉食者鄙，未能远谋”。老子所见君王如此，此后孟子、商鞅等所见人君亦如是。孟子言王道，苦口婆心，称其只是近身小事，可始于不忍屠牛，谨防以五十步笑百步即可，并非挟泰山以超北海的大难之事，但人君只会顾左右而言他。又如商鞅见秦君，也只能以霸术诱之了。也许能兴盛一时，但终如昙花一现。

十八章

大道废[①]，有仁义；

慧智[②]出，有大伪[③]；

六亲不和，有孝慈；

国家昏乱，有忠臣。

注释

① 废：废弃。

② 慧智：此处偏指聪慧、智巧，善于造作。

③ 伪：人的行为，积累的习惯、制度、文化等。不少人直接将“伪”理解为“伪诈”，则失之浅薄。

评析

老子说：大道被废弃了，才会有仁义的观念；智巧出现了，就会有大的文化制度；六亲不中和了，才会有忠孝慈爱等美名；国家昏沉败乱了，才会有死谏之臣。

本章继续对非道德的乱世进行批判，指出浮华妄诞观念的危害。该章以一正一反行文，看似肯定真善美，实是批判假恶丑，确实振聋发聩，超越时代。同时，该章如只是从正看反，如大道废而出现仁义、智巧出而有繁复制度、六亲不和而有孝慈、邦国昏乱而有贞臣，虽也已令人心惊，但若倒过来看，在一个宣扬仁义、智巧、作为、孝慈、忠贞的时代，看似满目正面，实则金玉其外，败絮其中，内已腐朽不堪，令人艰于呼吸视听，则更是石破天惊。尤其是世人若能按其所言行事，最多也只是无心而依于外力的木偶，更为可怕的是言行不一，皆是伪君子。社会如此，则是末世，即一个率兽食人、腐尸横行的世界。

如果落定到君王治国层面，则指君王做不到自虚无为，而树立仁义观念，以此教化百姓，这实际上是他自身希望获得仁义之君的美名，百姓也会明白此点，而投其所好，赞誉其为仁义之君。君王种种造作，与民争利，使民不聊生，教育、养老成了问题，老不能养小，小不能养老，于是又宣扬各种孝慈观念，要求老养小、小不要弃老等。君王造作以致大患形成，大厦将倾，臣民离心离德，于是宣扬人要做忠臣云云，而大臣们也纷纷以此图存牟利，反而形成了一种吊诡的局面——一时间也令君王收获了拥有忠臣之君的虚名。实则，其亡无日。

十九章

绝圣弃智[①]，民利百倍；

绝仁弃义，民复孝慈；

绝巧弃利，盗贼无有。

此三者以为文不足[②]，

故令有所属[③]：

见素[④]抱朴，少私寡欲。

注释

① 圣：生而知之。智：学而知之。

② 三者：河上公注："谓上三事所弃绝也。"王弼亦指为圣智、仁义、巧利三事物。文：制度，文教。

③ 属：归属，依托。

④ 素：本元本真。

评析

老子说：绝弃创作先见知学观念，百姓将获利百倍；绝弃仁义等外在观念，百姓将回归本真的孝慈；绝弃巧利，投机取巧、盗窃等事将不会发生。行三绝三弃之策，若作为治国方略，则尚未及根本，故令之有所归属，知其所出：定见本元，抱其朴素，进而减损私利和减少虚名之欲。

本章也是强调绝弃浮华。它从大道出发，劝诫世人知道、法道，只有自虚无我、无欲无为，才能守护本真。基本原则是见素抱朴，少私寡欲，绝弃圣智、仁义、巧利等观念造作。需要注意的是，“少私寡欲”并非指无私无欲，而是一种损之又损的动作。老子强调“名亦既有，夫亦将知止”，但基本的私（身）、个体性存在仍是基础，只是不过度而已。

当落定到社会治理与发展层面时，本章内容并不是反对文化、反文明，它并不反对百姓自发的圣智、仁义、孝慈、巧利。在老子的思想中，大道自虚无为而万物生，天何言哉，而四时运行、万物生长。君主无为、百姓自然的结果不是停滞在原始社会，而会是进入一个发展得更快更好的丰富多彩的世界。该章的底层思想逻辑也是说君主不搅扰人心，不干预人们的生活，人心自然会有圣智、仁义、孝慈，社会文化会自然而然地发生，而百姓的巧利——技术与生活也会自行发展，并且越来越丰富多彩。只是君主的造作与干扰会阻碍这一原本自然的发展，使之停滞，乃至引到非道、歧路上，使世界陷入病态、混乱与灾难中。

二十章

绝学[①]无忧。

唯之与阿[②]，相去几何？

善之与恶[③]，相去若何？

人之所畏[④]，不可不畏。

荒兮其未央哉[5]！

众人熙熙，如享太牢[6]，如春登台[7]。

我独泊兮其未兆[8]，如婴儿之未孩[9]；

儽儽[10]兮，若无所归。

众人皆有余[11]，而我独若遗[12]。

我愚人之心也哉，沌沌兮。

俗人昭昭，我独昏昏。

俗人察察，我独闷闷。

淡兮其若海，飂[13]兮若无止。

众人皆有以[14]，而我独顽似鄙[15]。

我独异于人，而贵食母[16]。

注释

① 绝学：绝弃钻研或接受不合于道的不真之文，包括智巧、荣辱等观念。

② 唯：应和。阿：阿谀。

③ 善：美好。恶：丑陋。

④ 人：有道之士。畏：敬畏。

⑤ 荒：河上公注为荒乱，世人求学不止。王弼注为大道旷远，与俗世相反甚远。央：尽。

⑥ 太牢：牛羊猪等祭品。

⑦ 春登台：迎春之祭。

⑧ 泊：本指浅水，引申为淡泊。兆：呈现，发生。

⑨ 孩：通“咳”。小儿笑状。

⑩ 儽儽（léi）：无所归依，心累不得志之貌。

⑪ 余：满溢。

⑫ 遗：缺失，不富足。

⑬ 飂（liù）：飘，无所系与依凭。

⑭ 以：用。

⑮ 鄙：浅鄙。

⑯ 食母：河上公注："食，用也。母，道也。"王弼注为"生之本"。

评析

老子说：绝弃妄诞的外在观念与知识，就不会有忧患。应和与阿谀奉承，相差多少呢？善良美好与险恶丑陋，相差多少呢？有道之人都畏惧这些，我们不可以不畏惧。但荒乱啊——世人学习观念、造作虚妄，没有止境。世人熙熙攘攘，多情多欲，如同饥饿时想到牛羊肉，春风里登上高台。我却淡泊，情欲没有肇显，好像婴儿还不知笑；疲累涣散，好像没有归处。世人皆智巧财货有余，而我却像是有所缺失。我是有一颗愚人之心啊，浑浑噩噩，对万物没有分别与追求。世人明晓光耀，而我昏昏昧昧。世人明辨，我却木讷口拙。我淡泊如江海，飘扬浮荡，像是没有系所与止处。世人皆有所施用，而我独顽劣如粗鄙之人。我独相异于世人，珍视生之根本——道。

本章说讲"绝学无忧"，对人间的观念与知识做了根本消解，倡导绝弃观念，无知无欲，恬淡养生。同时，也论说不道苟且虽可得于一时，但难长久，行道虽难有显耀的利与名，但唯此才能长久，劝诫人们早归大道。

在老子看来，观念有是非、善恶、美丑、荣辱等等，这些皆一根同门，不离彼此，是一事物的两面，相生互转，圣人也是因此皆畏惧是、善、美、荣，如同畏惧非、恶、丑、辱。但世人总是乐于自是、自善、自美、自荣，且求取这些，殊不知福祸相依。进一步而言，世人也因外求而自我异化，被妄诞观念以及由此而来的外在纷杂所吞噬。世人皆有所谓“我”，但这个“我”是异化的我、妄诞的我，是被观念妄造出来的又受制于观念的妄诞，只是苟且。

接着，老子以圣人之所畏，对照失道者与得道者的区别。世人在社会上皆熙熙攘攘、面露喜色，因为有所求，且求有所得。所求所得的，可以是饮食之物，也可以是是非、荣辱、利害等观念。在社会上，总有人在分发着这些，宣扬这些，民众皆以接纳、吸收。这些的影响也如同江海一般无穷无尽。也就是说，世人不知它们是相依相转的观念，陷入其中，自以为是立足于真善美，获得了尊荣，其实陷入了人为的虚妄，是伪中生伪，妄中生妄，是大迷糊。

我（修道者）也有所食，有所归，却从始至终不合流，不像世人那样博闻强识、口若悬河、善于争取，也不被民众所认同，更多的时候只是他们眼中的粗鄙、顽劣、愚笨之人。但我依然坚守着自我，这也是我之所以是我的原因，也是我独为可贵的原因。同时，也表明“知我者希，则我者贵”。

所求、所得，所食、所归，就是人的凭借与居住处，是食，是家，是故乡。众人食用“太牢”——仁义礼乐等观念，以它们为养料，为来处归处，熙熙攘攘来自它，又如江河般归于它。而老子以道为食，以道为家。他出离众人的那个家已经很久，所以在众人看来是儽儽的——在外漂泊的样子，无所归的样子。是啊，道在哪里呢？说出来淡而无味，无处不在，又无一处在，所以难以有定处为归凭，所以总是在外飘荡的样子。

在这段话里，老子有自嘲，也有骄傲。相较于后来屈原的“众人皆醉我独醒”而言，屈原只是看到了众人和自己，且在嘲讽众人，而老子则是自嘲，他是站到了更高处，用另外一个视角观照众人，也观照了自己。我们也一样，现在既观照了乐呵呵的众人，也观照着儽儽愚人之心的老子，以及作为观照者的我们。我们要如何面对这个处境呢？要何去何从呢？

二十一章

孔德之容[①]，惟道是从[②]。

道之为物，惟恍惟惚[③]。

惚兮恍兮，其中有象[④]；

恍兮惚兮，其中有物[⑤]。

窈兮冥兮[⑥]，其中有精[⑦]；

其精甚真[⑧]，其中有信[⑨]。

自今及古[⑩]，其名[⑪]不去，以阅众甫[⑫]。

吾何以知众甫之状哉？以此。

注释

① 孔：河上公解作“大”，王弼解作“空”。容：用，此处指功用功能。又河上公注：“有大德之人无所不容。”解作“包容”；又解作“容貌”。

② 从：遵从，取法。

③ 恍：不定。惚：缥缈无形。

④ 象：可见其形，却无实体可触。河上公解作万物的法象。

⑤ 物：因气立质。具有实在性，可触。

⑥ 窈：幽，深远。冥：昏暗不可见。

⑦ 精：物之真元，存在之据。神明相薄，阴阳交会。

⑧ 真：真切。

⑨ 信：合符，可查验。

⑩ 自今及古：马王堆帛书本《老子》如是。传本作“自古及今”。从当下至远古，从过去到现在，虽然意思是一个，但立足点不同。前者立足于当下现

实，后者立足于想象。当然前者更好些。

⑪ 名：有迹可查。

⑫ 阅：禀与。众：万物。甫：父、始，指道。

评析

老子说：至大之德无所不容，一切都遵从道的虚无、广大。道这样事物，茫茫缥缈，不定无形。缥缈、茫茫，但其中有象；茫茫、缥缈，其中有体。幽幽、昏昏，其中有精元；这个精元非常真切，可以查验。从现在往上古反推，它的行迹没有断绝、泯灭。循迹而察，可知众父——道的真实存在。我何以明晓道的存在及其对物存在真实的作用，就是以这种自今及古的循迹之法。

本章论说大德必从法于道，那么如何知道？道对物的作用虽幽远昏暗而隐蔽，但真切存在，自今及古，皆有迹可知，即有象可见，有物可触，有精可凭，有信可验，四者依次递进。循迹而察，就可知道的真实存在。

同时，本章也可以理解为论说道虚无、包容、生发万物。指道作为一种事物而言，它本身虚无、无形、不定，却包容了一切信息，十分真切，它生发了万物，且促发万物的运作。其用意是，告诫世人道为万物根源与主宰，因此，作为具体某物的至大至真德行就是遵从道，具体行径即自虚无为、广大包容，又具有生发力且生而不有，使万物自然。

二十二章

曲则全①，枉则直②，

洼则盈③，敝则新④，

少则得[⑤]，多则惑[⑥]。

是以圣人抱一[⑦]，为天下式[⑧]。

不自见故明，不自是故彰，

不自伐故有功，不自矜故长。

夫唯不争，故天下莫能与之争。

古之所谓曲则全者，岂虚言[⑨]哉！

诚全而归之[⑩]。

注释

① 全：保全。

② 枉：屈。直：正直，伸张。

③ 洼：低洼。盈：水流注。

④ 敝：鄙陋，浅鄙。新：更新。

⑤ 得：适合，得当。

⑥ 惑：迷惑，穷困。

⑦ 抱一：守一，负阴抱阳。

⑧ 式：法则。

⑨ 虚言：虚妄之言。

⑩ 诚：实，衷心。全：完全，全身。归之：归复它。

评析

老子说：委屈才能成全，屈枉才能获得伸张，低洼会获得流水归注，鄙旧浅陋反而能更新，少取才能真获得，贪婪就会迷惑穷困。因此，圣人负阴抱阳而能成为天下的法式。即不自以为是，才能明达；不自我炫耀，才能彰显；不自我骄横，才能成就功业；不自我矜贵，才能长久。正是利物而不争，因而没有谁能与之争。上古流传下来的“曲则全”之语，岂会是虚妄之言？当由衷地、完全地归复它。

本章论说世界中的事物皆因四大而有，以有无相生的方式而存在。它们都是整体平衡的存在，阴阳冲和、不偏不倚，才能持存。在物性上的表现即是曲全之理。故阳者，阴之；阴者，阳之。对于存在者而言，成全、伸张、充盈、更新等本身就包含有委屈、屈枉、低洼、鄙陋等。即后者都是其不可或缺的部分。如老子尊崇“朴”而贬斥“薪”。前者为草木初生时的样貌，后者指巨木大树，也指柴薪。“朴”中存在着一切的可能性，而“薪”是方生方死、盛极而衰之象，人见其高大，但在老子眼中已是死物。此后杨朱、庄子等多发挥此说。

同时，“曲则全”之理也包含有以小为大、以少成多、以下成就高的理念，就是用委屈、曲折等通达大全和伸张。人生不如意事，十之八九。故人在事功方面，应以弱胜强，以下为上。这样既可积少成多，润物无声，又可以防止太甚过强之灾。即所谓后身不争，天下无人能与之争。

二十三章

希言自然[①]。

故飘风不终朝，骤雨不终日。

孰为此者？天地。

天地尚不能久，而况于人乎？

故从事于道者[②]，道者同于道，

德者同于德，失者同于失。

同于道者，道亦乐得之[3]；

同于德者，德亦乐得之；

同于失者，失亦乐得之。

信[4]不足焉，有不信焉。

注释

① 希言：希，少。言，言说，影响他者。河上公注为“爱言”，王弼注为“无味不足听之言”。自然：万物自是自行的合乎本真的行为与状态。

② 从：遵从。事：奉行。

③ 乐：乐于。得：响应，接纳，施予。

④ 信：信用，诚信。

评析

老子说：不妄作，不以自我标榜，才合乎自然——本真的正确存在方式与状态。故疾风不能持续一个早晨，暴雨也不能持续一整天。疾风暴雨是谁的表现？天地。天地妄作，标榜自己，尚不能长久，何况是人呢？因此，尊奉道的人，他的行为和同于道；好德之人，所为与德同；失道者，所为与失同。和同于道的人，道也乐于响应他；和同于德的人，德也乐于响应他；和同于失的人，失也乐于响应他。自己的信用不足了，人们自然也以狡诈、背弃响应他。

本章强调大道希言而万物自然。大道自虚，不自我标榜，无为不言，不造作妄作，让万物各适其适——自是自造、自化自成。天地不言而四时运作，否则天地为了标榜自己，尚且不能长久，何况是人呢？因此，当自虚无为，让万物本真存在，自行发展。

针对人而言，又从忘然、无我无物之境出发，形成三种存在方式与境界，即道、德、失。法道者同于道，利万物而不显其功，万物不知之；法德者同于德，利万物而物知之；法失者同于失，妨万物而物恶之。故法道者，修齐治平乃是以道利他人，道也使他人不知其存在，两者相忘，于是获得保全；法德者，修齐治平之道乃是以德治众人，德也令众人知其存在，但尊贵之，也是保全了自身；法失者，修齐治平之道乃是以失妨害他人，失也令他人厌弃之。

在这里，我们也可以把道理解为方法、路径、通道。同时强调，走在怎样的路径通道上，就是怎样的人。遵从奉行某种方法，也就等于这种方法的存在。走在正确路径上，尊道行事，就是得道，也就是正确之人。而迷失正确路径，以失道的方式行事，就是失道，也就是迷失之人。和同于道的人，道也会宝贵他、护佑他。和同于失道的人，道也会厌弃他。

对应于治国层面，则指君王希言，才合乎自然，也才能令百姓自然，从而彼此和谐、各得所愿。当君王法道时，道也将与之同在，所以可以恒久。君王失道时，道也将厌弃他，所以身死国灭。呈现在君民关系上，君王得道，以道治国，百姓将以道应和他。君王失道，百姓也将以失道的方式回应他。君王无为无事，百姓才能自富自化。也唯有如此，百姓才能自富自化，君王也得以全身保国。君王失道以礼，自彰自明、自伐自矜，则是以礼妨民，将自受其殃。

二十四章

企者不立①，跨②者不行，

自见者不明，自是者不彰，

自伐者无功，自矜者不长。

其在道也，曰余食赘行③。

物或恶[④]之，故有道者不处。

注释

① 企：抬起脚后跟站着。不立：无法久立。

② 跨：两步做一步的迈步。

③ 余：多余。食：用，主观行为。赘：累赘无用。

④ 恶：厌恶，厌弃。

评析

老子说：踮趾而望，虽欲远眺，但无法久立。跨步而行，虽欲疾走，但无法久行。自我显耀的人不明达，自以为是的人无法彰显，自我夸耀的人没有功业，自我矜贵的人不会长久。这些行为在道看来，就叫作过分饱食的贪得无厌之行。万物都厌恶这种行为，因此，有道者不使自己处于这种状态。

本章论说得道者自虚，少私寡欲，不造作、不自我标榜、不自为主宰，故能有功而长久。而急于求成者无法成功，功成名就骄傲者不可长久。在道看来，造作者、标榜者的虚无本性已被私利声名填注，为外物所累，因此争名夺利，但这些行径皆是多余无用之行——“余食赘行”。因为造作标榜者虽欲昭昭，但不会得到世人的认同；以万物生长为己功，其实无功，且不会长久。同时，这些行为为万物所不喜，只会自招其罪。因此，想要修持孔德而法道之人不处如是境地。

但需要注意的是，这里强调自虚、不自我标榜，反对过度之欲与夸饰之行，并不是让人什么都不做，成为一个颓废主义者。它所指向的仍是功成而长久。只是说只有当人保有自虚，使自己与世界都处于本真自然状态时，才能真正实现成就，且这种功业也将自然而然地长久。因此，本真自然的行动仍是“千里之行，始于足下”。

二十五章

有物混成[①]，先天地生[②]。

寂兮寥兮[③]，独立而不改[④]，周行而不殆[⑤]，

可以为天下母[⑥]。

吾不知其名[⑦]，字[⑧]之曰道，

强为之名曰大[⑨]。

大曰逝[⑩]，逝曰远[⑪]，远曰反[⑫]。

故道大，天大，地大，王亦大。

域[⑬]中有四大，而王居其一焉。

人法地[⑭]，地法天，天法道，道法自然[⑮]。

注释

① 有物混成：列子说道为物，但并非日常所见到的分别物。混成，即无分别，也就无个体物。又河上公注：“谓道无形，混沌而成万物，乃在天地之前。”王弼注：“混然不可得而知，而万物由之以成，故曰‘混成’也。不知其谁之子，故先天地生。”

② 先天地生：先于天地而存在。老子说：“吾不知（道是）谁之子，象帝之先。”

③ 寂：清静。寥：虚无，清静。

④ 独立：始终只去确立、成就万物。不改：不去更改、干扰、灭止万物。道之

于万物是生发的，而不是寂灭的。道以自身虚无、寂静、无为的方式成就万物的实有、云云复生、多姿多彩。

⑤ 周：周遍。殆：消亡。即指普遍流通，无所不至，且没有尽时。

⑥ 天下母：万物之母。道为天下母，是一种方便说法。因为母与子两立，而道与万物不二，互为依据。种子生长为树根，树根与树干、树枝、树叶，以及于整个大树而言是不二的，分别只是人给出的暂时名称罢了，是一种不得已。道与万物的区分也是一种不得已。

⑦ 名：名号。事物生而有名，表示出生时的情状。

⑧ 字：取字。表示事物成熟时的情状。

⑨ 大：至高无上，至内无外，无所不包。

⑩ 逝：消亡、摧毁，即无象无形，是虚无的。又河上公解作“逝去，无常处所”。王弼解作“周行无所不至”。

⑪ 远：极。无所不通。

⑫ 反：返。返回周身，在近处。

⑬ 域：世界。河上公注为“八极之内”。王弼解作“无称不可得而名，曰域也”。

⑭ 人：世人。法：效法，遵行，回归。

⑮ 自然：万物各自的自在本性、状态与样貌。

评析

老子说：有一样事物混沌不分、虚无以成，在天地形成之前就存在了。它寂静、虚无，仅仅是成就万物，而不是去更改它们，周流万物，而不灭止它们，可以说是天下万物的母亲。我不知它的名，给其起字曰“道”，勉强描述它为“大”。“大”指的是消逝无形。消逝无形指的是非常幽远。非常幽远指的是它返归在周身。所以道是这样的“大”，天是这样的“大”，地是这样的“大”，王也是这样的“大”。在世界之中有四个这样的“大”，而王身居其一。人效法地，即处下无为、安静承载、生养而不怨。大地效法天，即大公至正、平施万物。天效法道，即虚无无名，以成就万物。道则效法万物的自在本然。即道以其虚无成就万物，也依从万物之有而变化其无，形态不一。道随方而是，如水见方则方，见圆则圆。道自身无为、无主张，让万物各适其适，各主其貌。

本章论说世界中“四大”的存在。我们的世界即存在本身，我们也在世界中，它也是我们唯一的世界，也是唯一的论说对象。世界由道、天、地、王四根构筑造化。四大彼此之间也互为根本，共时确立。因此，人要法地、地要法天、天要法道，而道也要法万物之自然。这样就形成了一个环，即所谓道墟。它们都是以自虚而生万物，从而筑造世界。

四大有一个重要的共同点，就是玄，和光同尘，和谐于万物，不可见知、不被注意。道、天、地、王都在玄同之中，不标榜自我，不被我们注意时，才持存着它们应有本有的状态，也起着造化功用。如果被我们注意到了，那是它们从自虚中分离出来了，是筑造进程、和谐世界被打断、打破了。

如大地，一直承载滋养万物，却始终安静处下。这时它得其本貌，是暗的——幽暗、玄冥，不可见。它什么时候会被人所注意、认知？地震之时。但这时人们所见所知的，会是那个本真的大地吗？天施恩广大，以自身无为不言而让日月四时运行、风调雨顺，这是本有状态，也是恒常态。当它处于这种状态时，万物得其利，但也不会注意到它。它什么时候才会被人所注意？只有当它打破本有状态，造作而崩塌——陨石坠落、旱涝交加时。但问题仍是人们这时所注意到的是那个本然的天吗？道区分了万物、连通了万物，但始终自体虚无，不被人所注意。而只有当歧路出现时，人们才会认知到道的存在。但这时所注意到的是歧路，不是真道。

王也是一样。部分版本“王亦大”也作“人亦大”。王意味着贯通三才，是一种境界，人则泛指有德之人。人能知道、明道、法道、弘道，故为大。人有这些潜能，但要实现它，才成为人，成为王——造化万物，却无私无我而无名。所以人当法地、天、道，必须行道动，以合道用。

什么是道动？即合道之动。道动包含了合道的知（明）与行，它们各自又可再分类。如“明”有两种，一是自在明，本然澄明，一是明之。“行”也有两种，一是本然虚静、无为，这叫作“守静笃”，另一种是返动、归根，虚之——走向虚静，为无为——走向无为，即“返者道之动”。因此，一个人自我本然澄明是道明，一个人听闻澄明而去实现明，也是道明。一个人始终都在虚静、无为中，是道动，一个人从妄作中归复，走向虚静、无为，也是道动。一个人去指出他人不道，劝诫其明道、归道，这也是道明、道动。如老子写五千言是为，但这个为是明道、归复无为，与无为合一，所以合于道动。因此，有道之士，或守道、自守澄明，或弘道，让他人明道、归道。两者一是无为，一是向无为，即为无为，皆是道动。当然，人在道动中，便合乎其道用，自虚无为而使万物化生，也就是无为而无不为，以此筑造了世界。如果失道，自是自骄，那便是病了。

二十六章

重为轻根，静为躁君。

是以圣人终日行不离辎重①。

虽有荣观②，燕处超然③。

奈何万乘之主，而以身轻④天下？

轻则失本，躁则失君。

注释

① 圣人：有道之人。辎重：马车。

② 荣观：宫阙。

③ 燕处：闲居。又河上公解作："后妃所居也。"超然：超脱物外。

④ 轻：轻行。

评析

老子说：厚重是轻浮者的归处，清静是躁动者的主君。因此，有道之人终日行事都不离开承载重要之物的宝车。即使有华美的宫阙，也是闲居淡然，超脱物外。为何身为天下之王，却要以身形躁动于天下呢？轻浮就会失去根本，躁动就会失去主脑。

本章主要从天地之理、周礼知识出发，强调有道之人当持重、好静，超然物外，否则将失道。其中，"重为轻根，静为躁君"便是依从天地之理而来。《吕氏春秋》《淮南子》等论说天地形成时，都指重而静者成地，轻而扬者为天。即天地之分以地先成，故这里说天地因重静而分。人法地，即效法大地的根本特点——重静。

至于周礼规定大夫以上贵族官员出行必须乘坐马车，不可驾轻骑，主要是因为古时驾车出行受制于特定的车辙、车道，须走大道、常道，不能穿小径、捷径。且车马上系有铃铛，令人知之，瞩目其行。老子此处是借此晓喻世人当走大道，不要轻率走巧径。同时，宝车也可以是对道的另外一种比喻，喻指用道如同坐宝车，可以事半功倍，更快抵达万物。

此外，我们也可以将浮华的宫殿理解为喻指世俗的功名利禄。燕处则是指"不出户，知天下；不窥牖，见天道。其出弥远，其知弥少。是以圣人不行而知，不见而名，不为而成"。人总是会被各种俗世观念所包裹，但有道之士总是淡泊功名，不外求而自求，也因此能摆脱妄诞观念的迷惑，而领悟自身与世界的本真。

在该意境中，万乘之主可理解为一种方便说法，指这个世界的主人、主脑。人人都是自己世界的主人、主脑，关系着整个世界的状态，因此，唯有内求，哪里能外求呢？内求自我认知，才能使世界澄明。失去自我而外求于功名利禄，则陷于妄诞，整个世界也会崩塌，甚至异化。那些无心的行尸，漂泊游荡在妄诞的世界（妄域）里，无休无止，多么可悲，令人唏嘘。以此言之，不论是匹夫匹妇，还是一国之君，皆当如是。

二十七章

善行无辙迹①，

善言无瑕谪②，

善数不用筹策③，

善闭无关楗而不可开④，

善结⑤无绳约而不可解。

是以圣人常善救人⑥，故无弃人⑦。

常善救物⑧，故无弃物，

是谓袭明⑨。

故善人者⑩，不善人之师；

不善人者，善人之资。

不贵其师⑪，不爱其资⑫，

虽智大迷⑬，是谓要妙⑭。

注释

① 辙：车辙。河上公注为善行道者求之于身，不下堂出门，故无辙迹。王弼

注为顺自然而行，不造不施，故物得至，无痕迹。

② 瑕谪（zhé）：瑕疵，指摘处。河上公注为择言而出，故无瑕疵。王弼注为顺物之性，不别不析，故无瑕谪。

③ 数：计数，计算。筹策：用于计算的筹码。河上公注为守道者，守一不移，不计多，故不用筹策。王弼注为因物之数，不用假形。

④ 关楗（jiàn）：门栓。河上公注为善于以道闭情欲、守精神者，不如门户有关楗而可得开。王弼注为因循事物的自然，无需外在关楗。

⑤ 善结：河上公注为以道结事者，可结其心。

⑥ 救人：以道教人，不失性命，少私寡欲。

⑦ 无弃人：世人各得其适。

⑧ 救物：顺四时，以救物之伤残。

⑨ 袭明：因袭，明晓。

⑩ 善人者：行善之人。

⑪ 贵：珍视。师：师法。

⑫ 资：用，取。

⑬ 迷：迷惑。

⑭ 要妙：微妙要道。

评析

老子说：善于行走者，没有轮痕足迹；善于言说者，没有瑕疵与可指摘之处；善于计算者，不用筹码算珠；善于关闭者，不用闩塞，也让人无法打开；善于捆缚者，不用绳索，也让人无法解开。因此，有道之人始终善于救助人，所以没有被抛弃的人。始终善于救治物，所以没有被抛弃的物。这就叫作因袭道而通明。因此，善人被用来作为不善人的导师，不善人可以作为善人的帮手。不珍重老师，不爱惜帮手，即使自己很智慧，也是大迷糊，这就是所谓的微妙要道。

本章论说有道之人效法大道，自虚而随方而是，善于因物而行，虽无可夸耀的有形之处，但有无穷的效用。第一层面，指圣人总是自虚无我，辅万物之自然。也正是因为他因物而动、随方设教，才让各事物都发挥自我的功用。第二层面，则指圣人发挥慈爱。圣人顺万物之自然，但他仍有本心、初心，而最大的本心、初心就是慈爱人。圣人将所有人视作婴儿，善者，善之，不善者，亦善之。善人可作为不善人的导师，帮助后者，不善人可作为善人的帮手，即使不能改善，提供借鉴亦可。因此皆应珍惜、爱惜而无抛弃之理，且最终都可使各适其适。

二十八章

知其雄①，守其雌②，为天下溪③。

为天下溪，常德不离④，

复归于婴儿。

知其白⑤，守其黑⑥，为天下式⑦。

为天下式，常德不忒⑧，

复归于无极⑨。

知其荣，守其辱，为天下谷⑩。

为天下谷，常德乃足，

复归于朴⑪。

朴散则为器⑫，圣人用之则为官长⑬，

故大制不割⑭。

注释

① 雄：尊，先。

② 雌：卑，后。

③ 溪：小河，利物不争，故得自保。去雄强而守雌弱，处天下之下而为溪流。

④ 离：缺少。

⑤ 白：昭昭明白。

⑥ 黑：默默，昏昧无所见。

⑦ 式：法式，模则。

⑧ 忒（tè）：错差。

⑨ 无极：无穷尽。

⑩ 谷：通“浴”，江海，深谷。

⑪ 朴：本初，根本，种子形态。

⑫ 朴散则为器：河上公注：“万物之朴散则为器用，若道散则为神明，流为日月，分为五行也。”王弼注：“朴，真也。真散则百行出，殊类生，若器也。”解“朴”“散”为真朴、分散分化。

⑬ 官长：百官之首。河上公注：“圣人升用则为百官之元长也。”王弼注：“圣人因其分散，故为之立官长。以善为师，不善为资，移风易俗，复使归于一也。”

⑭ 制：裁衣。割：割弃。河上公注：以道修身不害精神，以道御天下，无所伤割。王弼注：大制者以天下之心为心，故无割。

评析

老子说：知雄雌而有所守，去刚强以守柔弱，如天下的溪流。坚守为天下溪流的状态，可恒常之德不会离却，复归到无知无欲的婴儿状态。知白黑而有所守，去昭昭明晓，复守默默昏昧不辨的状态，如此可以为天下的法式。能为天下的法式，则恒常之德不会有错差，归复到无穷尽的状态。知荣辱而有所守，去荣显以处辱下，如同天下中江海的样子。守江海的状态，可恒常之德就会周普而充足，复归到质朴无华的境界。万物的真朴化散，则可以成为器，圣人可以升用其为百官之长。因此，以大道治国，不割弃伤害事物。

本章概说守恒常之德的三种阶段、层次与境界，也是从俗世回归道的法门。它将“朴”作为最高境界来论述，旨在阐述真朴、生发与不割弃。依其而言，相关文字的表述存在一个从物象事理到道的探究过程，意蕴着从分别到究竟，再到本初混元的修行历程：

第一层，从物象中指出，事物皆有雄雌二端，得道者知两者为整体，世俗者总偏于雄节，因此强调知二者而守雌节。如此即是在物状态上持守柔弱之道，为溪流、婴儿。溪流小河，有物而无欲，柔弱自守。知强弱而守弱，不争不疾，细水长流，小利周身之物。婴儿，即赤子，有生命之物。虽有物性，但无我之念，无物之欲，故不与物争。不争，则于物而言无利害，故物不伤之，即“不螫”。但不螫，只是全身而已，柔弱而未虚无，未达大利物之境。

第二层，在事理上，万事皆有黑白之理，一正一反。世人总是将其简单地认定为是与非的关系，且常偏于将白、荣等正面的事认定为是，以反面者为非。其实事理乃包含是非的整体，是非也是人为制造的。许多时候乃因是而非，因非而是，且是与非因人因事因时而异，可转化不定。圣人知此，皆从整体来看，不僵化固执于一端。因此知天下事理的无极处，即不定于一端，不陷入局部或一时是非的争辩。

第三层，是突破。在人的世界中，不论物象，还是事理，皆是人所造，至少皆是人来分别，出于人的意识观念，因此皆着人之色。人的最大观念不是物态事理，而是荣辱观念，一切都着此色彩，都以此为隐性基石。只有当人破除此观念时，才能归复到无分别的真朴。所谓朴是物的种子形态，虽仍有物可见，但已无物形。它与“混沌而世界”中的边界之道、“道生一”中的一、“无极而太极”中的阴阳太极等相近，具有强大的生发力，呈现为边界、德。人回归原初混一的状态，才能实现无我无物的道状态。据此再观照世界，我与世界方呈现本真。

本章最后也以此总结、升华其义，指出当回归真朴——本初混元状态时，就不割。不割有两层内涵。一是不切割、不分别，一切都在混成中，无我无物。即回归真朴，无知无欲，不别不析，没有外在观念，则无善与不善、用与无用，自然不会以此割弃事物。二是不割弃、不抛弃。万物皆一，就没有因分别而来的有用与无用，一切皆自在自化，各适其适，各尽其用。在道的作用下，真朴发散于万物，则万物皆可得用，故无弃物。人人归复真朴，天下合道，太平无事，百姓皆自化，自然人全其身，物尽其用。故在大道流行的世界中，如大师傅裁衣，从来没有废弃的布料。

二十九章

将欲取天下而为之[①]，吾见其不得已[②]。

天下神器[③]，不可为也，

为者败之，执者失之。

故物或行或随[④]，或歔或吹[⑤]。

或强或羸[⑥]，或挫或隳[⑦]。

是以圣人去甚[⑧]，去奢，去泰[⑨]。

注释

① 将：如果，表示假设。为之：有为，造作。

② 不得已：不能得其志、不能成其欲。河上公注为“不得天道人心已明矣”。

③ 神器：无形无象的混成物。天下乃神器，受命于天，以德可取，不可以智巧强力求。

④ 行：主动为之。随：跟随。

⑤ 歔(xū)：气息舒缓。吹：呼气急。

⑥ 羸(léi)：弱小。

⑦ 挫：疑讹误字。马王堆帛书本《老子》作“培”，河上公本作“载”，注为安。隳(huī)：危败。

⑧ 甚：非日常，极端。河上公解作“贪淫声色”。

⑨ 泰：通“太”，浩大、过度。

评析

老子说：假如想取得天下而造作为之，我看他不能成其欲。天下是无形而合成的事物，不可以有为取得。造作为之者败坏其质朴，掌控教化者失却其真情。天下事物性情、状态不一：有些主动，有些跟随；有些缓慢，有些疾急；有些强悍，有些羸弱；有些在发育，有些正走向危败。因此，圣人除去极端的、浮华的、浩大的方法。

本章论说大道自虚无形，故不能有为得之。同样，天下也是如此。它是由万物和合而成，没有具体形态，故无统一的定性。万物性情、发展阶段不一，难以特定的作为为之，只能自虚无为，顺物因物，让事物各适其适。

《易经》乾卦便指出事物的发展都存在潜龙、“见龙”、“惕龙（游龙）”、跃龙、飞龙乃至亢龙等不同阶段。在不同阶段事物呈现不同的状态，并面临着各自不同的境遇与抉择。我们这些个体生命的成长旅程也是如此。而由这些个体构成的整体性存在也有诸龙阶段，同时其内部群龙的复杂性更是不可诘问计算。因此，不能一概而论，更不能搞一刀切。当然，从根本上而言，即我们的这个世界是多元而复杂的，只有让它自是自化，才能生机盎然，花开千万。

三十章

以道佐人主者，不以兵强①天下，其事好还②。

师之所处，荆棘生焉。

大军之后，必有凶年。

善者果而已③，不敢以取强。

果而勿矜④，果而勿伐⑤，果而勿骄⑥。

果而不得已，果而勿强。

物壮则老⑦，是谓不道，不道早已⑧。

注释

① 强：恃强，逞强。此处有强力而为、长期作战之意。

② 其事好还：有道者好返本责己。

③ 果：王弼注为济，指为济难。河上公注为：“善用兵者，当果敢而已，不美之。”

④ 矜：目无臣下，自我尊大，不听讽谏。

⑤ 伐：耀其功。

⑥ 骄：耀功而目无臣下。

⑦ 物壮则老：事物壮极则衰朽。

⑧ 已：停止。

评析

老子说：用道辅佐君主的人不会以战争争强于天下，行事推崇返本责己。军队所在的地方，荆棘就会丛生。大战之后，必有灾荒之年。善于用兵的人以此济难而已，而不是以此争强。总是果敢而不自我矜大，果敢而不自伐，果敢而不骄人。果敢用兵是出于不得已，不以果敢来争强。如果以此争强于天下，则物极必反，刚强者不得其死然。事物过分强横则很快走向衰朽，这就是不合大道。不合大道，就及早停止。

本章论说有道君王以好生之德生养百姓，反对君王妄动战争而置民于死地。圣人以道治国，无为无事，自然不会以战争逞强于天下。万物之理，过度则违性，故人当去过分之行。征伐本是杀生、不祥之事，不能长久。“不知常，妄作凶”“为者败之，执者失之。是以圣人无为，故无败，无执，故无失。……以辅万物之自然，而不敢为”等，皆可为自注。

文中也展开论述了战争之害。当然，老子也知现实，对战争有深刻认识，并非禁兵。在天下失道的年代，战争有时避无可避，故提倡慎战，强调不能逞强。有道君王是以战争在济难，果敢也仅止于果，得济难的结果即可，而不是以此争强于天下。在“不得已而用之”时，在战略上推崇不战而屈人之兵，所谓上兵伐谋；在战术上反对旷日持久的消耗战，推崇速战速决。战争之难，不在于如何发动它，而在于如何结束它。此后《孙子兵法》等也多受此影响。

三十一章

夫佳[①]兵者，不祥[②]之器，

物或恶之，故有道者不处[③]。

君子居[④]则贵左，用兵则贵右。

兵者不祥之器，非君子之器，

不得已而用之，恬淡[⑤]为上，胜而不美[⑥]。

而美之者，是乐杀人。

夫乐杀人者，则不可以得志于天下矣。

吉事尚左，凶事尚右。

偏将军居左，上将军居右，

言以丧礼处之。

杀人之众[⑦]，以哀悲泣之[⑧]，

战胜，以丧礼处之。

注释

① 佳：美化，修饰，夸耀。

② 不祥：不合常道，害生。

③ 处：身处，居处。

④ 居：正室，长屋为居，有日常久住之意。

⑤ 恬淡：不放纵，不使心发狂，不贪他国的土地、财货、人力。

⑥ 胜而不美：即使用兵杀伐而胜，也不以之为美，不以之为滋味。不以战无不胜为美。

⑦ 杀人之众：杀伤人民甚多。此处的人不分敌我。

⑧ 哀悲：悲哀之心。河上公注："伤己德薄，不能以道化人而害无辜之民。"

评析

老子说：那些被夸饰的征伐，都是害生之事，万物都厌恶它。因此，有道的人不身处其中。君子日常居住尊崇左边，行军打仗时则崇尚右边。战争是不合常道的事物，并非君子正道的器具，在迫不得已的非常状态下，才使用它，而且以淡泊、不放纵为上，战争得胜也不以此为美。若美之，则是喜好杀人。那些喜好杀人者自然不可能获得民心而王天下。处理吉祥的事情推崇左边，面对凶煞的事情推崇右边。偏将在军中居左，上将居右，这是说以丧礼的观念与方式对待战争。杀伤人民甚多，则要以悲哀之心哭悼。战争取得胜利，则要以丧礼的方式处理。

本章继续讨论征伐之事。指出有道君王以百姓之心为心，好生、不杀伐，因此视征伐为不祥之事。即使最古老的征伐理念以及军礼，也出于天道的好生之德，视征伐为非常态事。君子尚且认为那不是他们该用的器物，奈何一国的君王却轻用。因此强调"不得已"、慎之又慎。且动用时，心态应客观、恬淡，不是出于好恶。

同时，本章更进一步指出夸饰战争是罪恶之事。战争本身非君子器，不得已用之，不可美之。对它只能以哀礼、丧礼的观念与方式处理，而不能以其他观念、方式。夸饰战争，对战争进行夸耀讴歌，皆是非道之行。该反战观念即使到今日也是超前的。

就根本处而言，大道自虚无为，万物自生自化，自化则平和。战争从来都是出于非自然，出于多私多欲以及由其而来的种种观念，而非出于本能、资源匮乏等理由。且即使是后者，也只是观念罢了。以这些或其他观念来包装战争，修饰它、美化它、讴歌它，都是妄诞。可以说夸饰才是战争的原动力，唯有自省，正视自己的私欲与残忍，揭下伪善的面具，才不会有战争。

三十二章

道常无名[①]，朴虽小[②]，天下莫能臣也。

侯王若能守之，万物将自宾[③]。

天地相合，以降甘露，

民莫之令而自均[④]。

始制有名[⑤]，名亦既有，夫亦将知止，

知止所以不殆。

譬道之在天下，

犹川谷之于江海。

注释

① 无名：不可称名描述，无功名。

② 朴：以无为心，无形微妙。知荣而守辱。小：微小，柔弱。“常无欲，可名于小”。

③ 自宾：自行宾服。

④ 均：平均，河上公解作“均调若一”。

⑤ 始制：河上公注为道治。王弼注为朴散始为官长之时。有名：河上公注为万物。王弼注为立名分以定尊卑。

评析

老子说：道始终自虚无形，变化不定，无法指称描述，又不求功名，故无功名。朴也无形无色，一直守辱居下，利物不争，不敢自为主宰。虽然如此微妙柔弱，近乎世人眼中的卑微之物，但天下万物中没有什么能去奴役它们。侯王若能尊道而自虚无为、处下守弱，万物都将自行宾服。天地阴阳和合，降下雨露，无须教令万物，万物都会均分它们，各适其适。道开始治理万物时，须设立一定的名分制度，基本的名分形成后，则要知晓停止对名分的过度细化，不可舍本逐末。知道及时停止对名的过度依赖，及时返本，则不会有危难。要说以道治国平天下，则犹如溪流归注江海，大海处下守辱无名而得归注，成为百谷王。

本章论说道本身虚无、无形、不定，故无名，不可指称、描述，这些既是它的本然，也是它成为天下尊长的原因。道因其自虚、无名、原始朴素，甚至近乎俗人眼中的卑下状态，但它至大，天地也不敢奴役，而须尊奉它。道在天下时，万物犹如川谷归注江海。中国地势有所谓“地不满东南”之说，即指西北盈而东南缺，故川流多源西北，注东南。江海处下且缺，故百川注之，非如人往高处而慕其名，理使之然也。

同时，道自虚故大公，无为故万物自生自化，就像天地自然地降雨于万物，不偏不倚，没有哪一地方多，哪一地方少。而水归注时，流散于平地，也是满则溢，充盈于原本缺失的低洼处。万物也依从自然本性，各适其适，不过分涵养。因此，天下实现了至大的均分。

老子以此为喻，指君王治国平天下也当如此。侯王若能守朴，无为处下，万物都会自行归附。《易》曰：圣人得道，天且弗违，况人乎？况鬼神乎？亦此之谓。同时，君王是一，百姓是万。百姓的性情各不一样，每个地方的风俗也不同。这些不是君王用一己之眼所能够洞察，一己之力所能够区分处理的，唯一冲和之法就是无为而让百姓自治。所谓的“均”是各个地方根据自己的特点各适其适。因此，大道至简，即使在治理天下时，最初要设立部分基本名分制度，但大名分设定后，不必过于细化，应当及时返回道，守本以治末。此后的事情，百姓会自己处理。否则，君王繁复名分，只会被观念法令所束缚、反噬，即百姓不安而厌弃之。这里也说明了道人在世总是要与“名”打交道，所以也用一些，但根底上是以减损之为恒常，“自虚”“无为”“无名”是本然。

三十三章

知人者智，自知者明①。

胜人者有力，自胜者强②。

知足者富③，强行者有志④。

不失其所⑤者久，死而不亡者寿⑥。

注释

① 明：知和知常，返听无声，内视无形。

② 强：“心使气”。心相对欲、志而言，指天然之理。河上公注为能自胜情欲，则无能与之争。王弼注为“力用于己，则物无改焉”。

③ 富：知足，“常德乃足”，复归于朴。

④ 强行：任天然而养气，以此养生处世。强力行之，勤能行之。志：气之帅。有志于道。

⑤ 所：处，居。圣人处道。

⑥ 死：至死。亡：义同“妄”，错失。指守道至死不渝。寿：尽天年。又王弼注：“虽死而以为生之，道不亡乃得全其寿，身没而道犹存，况身存而道不卒乎。”

评析

老子说：能洞察他者是智慧的，能洞察自己而明晓自然之理是明白的。能控制他者是有力的，能控制自己而顺性养气是强大的。能停止追逐虚名妄利而满足于朴实是富有的，能坚韧行道是有志的。能守道不失是可以长久的，即不失却自己的由来与处所则可以长久；能守道而至死不渝是可尽得天年、既寿永昌的，也指身死而道不灭，才是真正的长寿。

本章阐述了法道在于返本、内求责己的理念。对于实存而言，唯有得真吾、真我，自知、自胜、自足，生活在真世界中，才是真正的存在过、活过。并重言了“婴儿”“朴”“无极”三境。明、强，婴儿之境、赤子之德。老子曰“含德之厚，比于赤子……终日号而不嗄，和之至也。和曰常，知常曰明，益生曰祥，心使气曰强”。故明者，知和知常也；强者，心使气也。心相对欲、志而言，指天然之理。冲和而天然使气，恰如孟子所谓“善养吾浩然之气”。浩然之气，天地间万物的自然本貌。心使气，即任天然而养气。如婴儿虽有物形，不起欲念，行天然，不以智力争于人，百姓不以为害。婴儿任天而行，进而言“朴”。富，知足也，“常德乃足”之谓，复归于朴也。坚守大道，至死不渝，则为天下式，“无极”也。“既寿永昌”为双关语，既指全身保性，亦指社稷太平永久，没有尽处。

也就是说，依养生而言，明晓本源，守住大道，冲和精气，以柔弱处世，才可长久。且以此德修身、齐家、治国、平天下，使之充足、广大、周普，虽身死而德永传，便是真正的长寿。但世人皆不知真吾、真我，总乐于外求，也因此一生只是尸行在荒芜上，漂浮于无根腐朽的妄诞幻域，虚耗而已。

三十四章

大道泛兮[①]，其可左右。

万物恃之而生而不辞，功成不名有[②]，衣养万物而不为主[③]。

常无欲，可名于小[④]；

万物归焉而不为主，可名为大[⑤]。

以其终不自为大，故能成其大。

注释

① 泛：大水漫流。河上公注为大道泛泛，可左可右，无所不宜。

② 不名有：不宣功，不占有。

③ 主：主宰。

④ 小：道隐匿，若微小。

⑤ 大：至大。域中有四大。

评析

老子说：大道泛滥流行，贯通于左右上下，无所不至。万物依赖它生长而不谢辞，化成万物而不宣称占有，护佑养育万物而不为主宰，始终无欲无为，可以称之为微小；万物归附它而不自以为主宰，可以称之为至大。正是因为它始终不自为大，所以能成就其大功德。

本章论说大道流行，无所不在。道以自虚无为的方式生养了万物，同时不去占有它们，因此也不呈现其功德。从一方面看，道无形无为，对万物的作用没有宣明，所以是微小的。从另一方面看，也可以说道润物无声，都是从小处做起，最终却真正地生养了万物，且其大功德不可泯灭，始终被人尊奉。因此成就了大事，成为至大的存在。

本章在具体行文上，以《易》的大有卦言说道的特征。大有卦☲，下乾上离。《易・大有》曰："大有，元亨。""六五：厥孚交如，威如，吉。"《易・象》曰："大有，柔得尊位，大中而上下应之，曰大有。"大有即指六五所处之象。六五即阴五，卦中唯一阴柔，五为尊位。一阴处五阳之中，众阳尊之，可谓"大有"。"柔得尊位"即指在上位者功成而守弱，用柔驰骋于众刚强间，以谦下而吉。大有卦中的六五之阴具有"万物归焉而不为主"的德行。它身处上位，护佑万物，万物归附，但不敢自视为主人，战战兢兢如同客人。

在具体意象上，老子又比道于大水。左右，既可指上下左右，也可指辅佐。《易・泰・象传》曰："辅相天地之宜，以左右民。"左右即佐佑。老子常说道辅佐万物生长，"以辅万物之自然，而不敢为"等可为自注。这里也是说：大道如大水漫流，灌溉桑田，辅万物之生长而不矜伐其功。老子常言"涣兮若冰之将释，敦兮其若朴，旷兮其若谷，混兮其若浊"等，也是以江河奔流喻道化于万端，随风入夜，润物无声。

老子在其他地方也说："吾不敢为主而为客。"这些都是在言说主客、上下交往之道。圣人之所以能实现大，身处尊位，是因为他就像大有卦中的六五之阴那样自小，不敢自大，不以为主人而傲慢，总像宾客那样保持无欲不争的状态，亦如大水那样柔弱谦下而利于万物。故圣人虽不争，无功名可称，但长生久视，万物尊之。

三十五章

执大象[①],天下往[②]。

往而不害,安平太[③]。

乐与饵[④],过客止[⑤]。

道之出口,

淡乎其无味[⑥],

视之不足见,

听之不足闻,

用之不足既[⑦]。

注释

① 大象:道。

② 往:交往,归附。

③ 安:安宁。平:平和。太:太平。

④ 乐:音乐。饵:美食。河上公注"饵"为"美","过客"为"一",去盈处虚,飘忽不定。人能乐道,一将留止。王弼注:"言道之深大。人闻道之言,乃更不如乐与饵,应时感悦人心也。乐与饵则能令过客止,而道之出言淡然无味。"

⑤ 止:停留,安居。

⑥ 淡乎其无味:道非五味而无味。道出口而无味,因为无可描述,故不足见、不足闻。

⑦ 既:尽。

评析

老子说：执守大道，天下万物皆将自行归附。万物归附而不伤害它们，则将安宁、平和、太平。音乐与美食能让过客止步，道说出来则寡淡没有滋味，看它也无法娱目，听它也不能悦耳，但用它却不可穷极。

本章论说人如能效法道自虚无为而以此利天下，万物将归附他。道非物，也就不是什么观念，因此它无形无象，其呈现也不具体，无味、无色、无声，所以不能娱悦舌、目、耳。而行道从根本而言，即自虚、无为、损之又损，具体行事也以小为大、守弱处下，全无大操大办、博得关注的样子，也可以说完全没法引人注目。但道的无形之用却至大，可以修身、齐家、治国、平天下，乃至万物归附，天下平和，缔造人间的太平世。

就具体内容而言，本章也是以《易》的大有卦进行论说。圣人“执大象”，大象即五，乃尊位，意为有道君王处于尊位。“往而不害”，《易·大有》：“初九，无交害，匪咎；艰则无咎。九二：大舆以载，有攸往，无咎。……六五：厥孚交如，威如，吉。上九：自天右之，吉无不利。”指一阴处众阳，交相利，争相害。大有卦的六五，一阴居于尊位，但不自大自尊，如客敬畏，故天下皆乐往而归附。归附后，皆得利而不害，人们则媾和于处尊位者——与处在尊位之阴交往和好，若提供美好的生活，那么即使是客居游民也会止步在此而安定下来。如此，天下归心，如岐山之事，自然人众国强。邦国间的交往也是如此，遵从此道的大国自然可得四邻以及远国的归附，聚合天下。

总之，守道就是自虚、无为、无名而使天下归附。故守道者论道时，总说道说出来无形色精彩，但道用无穷，且始终是贯通个人与世界的，是与世界的重逢、对世界的重筑，所以没有止境，至微至大，皆在其中。

三十六章

将欲歙之①，必固张之②；

将欲弱③之，必固强④之；

将欲废⑤之，必固兴⑥之；

将欲夺⑦之，必固与⑧之。

是谓微明⑨。

柔弱胜刚强⑩，鱼不可脱于渊⑪，

国之利器⑫不可以示人。

注释

① 将欲：将，如果。欲，将要。河上公、王弼皆注为想要。歙（xī）：闭合。之：指法道之行与欲。又解读为作用的对象。

② 固：加强。又解作必然。张：张开。

③ 弱：衰微。法道守弱之志衰落、削弱。

④ 强：增强。又解作强盛、骄强。

⑤ 废：废弃，废除。

⑥ 兴：兴盛。

⑦ 夺：夺志，法道之志将丧失。又解作夺取。

⑧ 与：通“举”，加强、推行。又解作给予。

⑨ 微明：微，隐行，小心地实行。明，知常。小心地践行道，守之如戒。又解作其道微，其用明，因循物性而为之，事少功倍。

⑩ 柔弱：六五之阴。又泛指柔弱的事物。胜：承载、包容，使共处。又解作胜过。刚强：泛指刚强的事物。

⑪ 鱼不可脱于渊：鱼，指阳。渊，指阴。指众阳尊阴而不可离之。

⑫ 利器：军队。又韩非子解作赏罚之术。河上公解作权道。王弼解作“利国之器”，因性理不假形器。

评析

老子说：如不道欲念生起，守道之行将被关闭，就须张大它；守道之欲将衰弱，就须增强它；守道之心将被废弃，须加强推行它；守道之志将要丧失，须加强树立它。这些就是从细小处为道、始终贯道。总之，柔弱可承载刚强，阳刚不可脱离阴柔，不可以兵争强于天下。

本章继续论说“大有”之道。上一章论说大道之用无穷，守之则明、强、久、寿，此处继而指出守道须坚，如化而欲作，须及时守中，并以“柔弱胜刚强，鱼不可脱于渊，国之利器不可以示人”句为总结。

在大有卦中，六五之阴承载众强阳，使共相处。鱼为阳，渊为阴。众阳尊阴，不可离之，若离之，乃逞强之行，大灾将至，即“鸢飞戾天，鱼跃于渊”乃贪婪举，鱼逞强脱渊必死。鱼为阳，水为阴，阳上阴下，则为讼。《易・讼》曰：“有孚。窒惕，中吉。终凶。”《易・象》曰：“天与水违行，讼。”讼，即上下相争而害，害而讼，讼而凶也。然《易・讼》又曰：“九四，不克讼；复即命渝，安贞吉。”《易・象》解其六三，亦云：“食旧德，从上吉也。”即指复阴乃吉，法道可久寿。至于大国之兵不可争强于天下，则是将道理落定到治平处，并视其为基本训诫。

不过后来人们对相关内容的解读有很大的转变与发展，将其内涵演变为讨论物性事理中的正反问题，且在处理方面强调以知识理、以反求正。如解作：想要闭合它，就须张大它；想要削弱它，就须强大它；想要废弃它，就须兴盛它；想要夺取它，就须给予它。这就是道用微妙而效果显著。柔弱胜过刚强。鱼不可脱离深渊，否则它的缺失会被发现，国家的权谋不可以炫耀展示在人前。不过这种解释存在一些问题：

首先，如从道出发而言，即根据物性事理而行，明晓物极必反，从无形、柔弱、细小处着手，在无形之中把问题解决。这些东西是无法展示在人前的，一旦展示就是夸耀，夸耀即刚强之举。将相关内容做进一步推演，则是王弼之解：面对刚强之物，不必顶风为之，"因物之性，令其自戮"即可。当然，他也解其为治国应当顺从物理人情，不必用刑杀来劝禁百姓。但这种解读使上下文内容有些脱节，也是曲解、回护。

其次，本章也常被权谋家作阴谋论解读。韩非子即以越王勾践示弱以骄纵夫差而灭吴、晋献公赠虞国玉璧良马而后袭灭之，智伯遗仇由以大车而后袭取之等事晓喻其理。秦汉之际，张良等虽称尊法黄老之术，但行事也多如是。

在这种解读中，"微明"被解作在微妙幽暗的地方通明物性事理，且偏指隐藏、不可见。"柔弱胜刚强"则更多强调柔弱可以攻克、战胜刚强，而不是刚柔共处。"鱼"被解作利剑、阴谋、城府，它灵活多变、刚猛、锐利，极具杀伤力。"渊"则被解作大湖深海，不可见底。鱼在海中，人在水上，自然难以见着它、抓住它，也就是喻指阴谋秘而不宣、不外露。"国之利器"则被解作一君驾驭万千臣民的方法，即权术，强调君主将好恶藏在心中，在外表上不留痕迹，甚至常常"予取予夺"、虚虚实实、指东打西，以此实现以一御多。按此解读，这实则是"多智"，故张良等临终多悔悟，阴谋诈力本是道家所禁，自己素时用得太多，最终也不得善果。

刘笑敢曾分析此章，试图区分智慧与阴谋，指出就目的而言，两者有三种区别：其一，智慧求长远效果，阴谋求一时苟且或便宜。其二，智慧为公心，更多的是为他者的利益考虑，阴谋为一己之私。其三，智慧是诚，故能缓，总是诚心说服对方，如无果，也不会强迫对方接受，可以放弃，而阴谋则不达目的不罢休。此说甚好，尤其第三条。可惜中国文化里常说为达目的可以不择手段，所谓行大事不拘小节。显然在这种心思、语境转化下的章义全然看不出有缓和、放弃，而是讲异化的“曲则全，枉则直”，以目的的达成为要，只是以反求之罢了。这也是朱熹等以多阴谋论而非议《老子》诠释义的原因。丑陋就是丑陋，何必回护。

三十七章

道常无为而无不为①。

侯王若能守之，

万物将自化②。

化而欲作③，

吾将镇之以无名之朴④。

无名之朴，夫亦将无欲。

不欲以静，天下将自定⑤。

注释

① 无为而无不为：顺自然，不造作，而化成万物。

② 自：自然而然。化：开化，教化，知性与命。河上公注：“言侯王若能守道，万物将自化效于己也。”

③ 欲作：君王见邦国发展壮大，而欲发动战事，以争霸于天下。河上公注：“复欲作巧伪者，侯王当身镇抚以道德也。”指欲作者为百姓。

④ 将：与下文“亦将”，乃假设句子的关联词，义同“假如……也将……”。镇：

使之坚定。又解作镇抚、安定。朴：道，无欲之境。保民而不求功名，知足。

⑤ 定：安定。又写作“正”。

评析

老子说：道始终无为而没有什么不被化成。侯王如果能够保守它，万物将自然而然地开化。百姓开化，国力增强，君王却想发动战争以图称霸，我假如用道无功名的朴以坚定其守道之志，那么他也就会没有多余欲念。不生情欲则清静，天下将自然地归于安定。

本章继续强调君王法道要善始善终，且将因此获得大有之尊。老子面对的是君王，其书原本是君王戒：以圣人之道劝诫君王，希望其自化，成为圣人。圣人云：不闻治国，但闻修身而已。因此，全书是教君王自治的修身之术，非教君王治民之术。君王成为圣人，即无撄人心、不搅扰社会，百姓自富自化。

在具体内容上，指道始终自虚、无为、无名，但化成天下，因此，君王应效法它，并将本然无欲作为法门。“常无欲，以观其妙”“常无欲，可名于小”“常使民无知无欲”，前两者指君主法道，无求于声名，后者指君王自虚，使百姓不生妄念。君王以此治理天下，百姓将自化。即使中途自己偶有造作，若能继续坚守，以道的真朴来自化，也将回归无欲无求的状态。君王如此，百姓始终自富自朴，天下自然清静安定，无不治。

君王修身而保有本性虚无、爱民保民，则无弃物无弃人，天下自定自正。老子曰“侯王得一以为天下贞。其致之……侯王无以贵高，将恐蹶”，“贞”即“正”，即“贵高”、处尊位，也有平定天下、万物归附之意。“自定(正)”与上文“自均”用法同，指百姓将自然而然地归附君王，奉其为尊而不害。此正是大有卦的期望。战国时，梁襄王问："天下恶乎定?"孟子对曰："定于一"，且唯"不嗜杀人能一之"。(《孟子·梁惠王》)此处的"定"与"一"也有此意。

当然，若更进一步而言，本章将"无名之朴""无欲""不欲"等作为最高境界与最终落脚点，相应地，"天下"也就可以不再局限于政治社会层面，而可理解为整个世界。其中，朴，就是浑然本貌。浑然本身就是玄同，在合道中持存自己。它自然是难以被人所注意、见知、称道的。而当被注意时，则是自己出离了道，打破了玄同。这个时候人们所注意、见知、称道的，其实也不是本来的那个自己，只是一种与自己无关的东西罢了，甚至可能是一种"病"。懂得这一点，就会知道合道必然无名，无名才是合道的表征。所以身处无名之境，更值得欣喜和满足。如此在"天人合一"之中，心无欲念，世界自然清静、正定、平和。

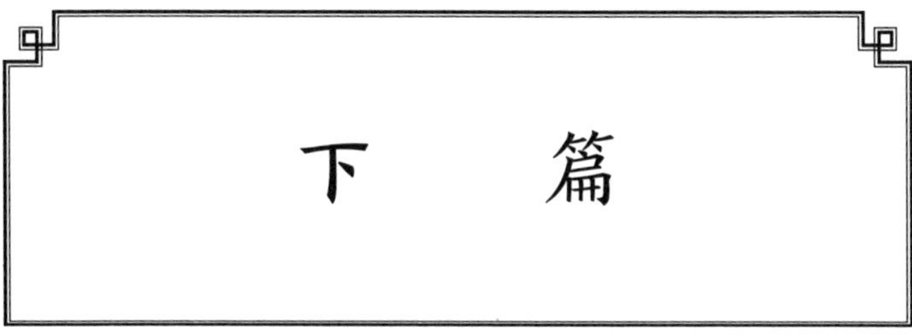
下　篇

三十八章

上德不德[①]，是以有德；

下德不失德，是以无德。

上德无为而无以为[②]；

下德为之而有以为[③]。

上仁[④]为之而无以为。

上义[⑤]为之而有以为。

上礼[⑥]为之而莫之应，

则攘臂而扔之[⑦]。

故失道[⑧]而后德，

失德而后仁，

失仁而后义，

失义而后礼。

夫礼者，忠信之薄，而乱之首。

前识者[⑨]，道之华，而愚之始。

是以大丈夫处其厚，不居其薄；

处其实，不居其华。

故去彼取此。

注释

① 上德：至上的德。德，指人行于道，得道的状态，“吾丧我”。不德：不得，不以外物为依凭，同时也不自恃有德，不标榜有德的声名。

② 无为：无我而自然。无以为：没有外在的凭借，且无痕迹，他者也不能看

到痕迹，无得影响。

③ 下德：低等的、拥有虚名的装饰行径与状态。为之：有我而造作。有以为：有所凭借，且也被人所凭借。

④ 仁：有我，衷心而行，无关乎外在，“慎独”。

⑤ 义：有我，有他者。指人为设定的原则，彼此的关系与相处状态。

⑥ 礼：具体的规定条例。

⑦ 攘：抓。扔：强牵引，乃至相互推扯、相争。

⑧ 失道：失于大道，迷于歧途。失去自虚的状态，开始有分别心，有我有物。

⑨ 前识者：即圣，生而知之。此处也泛含知、仁、义等。就是从道的自虚中拔脱出来，形成了我。有我，则有物，有了云云分别。

评析

老子说：至上之德者——行道而合乎道的状态的人“吾丧我”，克己而玄之又玄、损之又损，所以不以外在为凭借，也不自认有德，因此有真德——真正合于道。具有低等虚伪德名的装饰者，总是有我有物，而有凭借，且求索、标榜外在的虚妄德名，因此无真德——不合于道的状态。至上德者，总是克己而无为无事，顺性而作，没有外在的追求与依据。具有低等虚伪德名的装饰者，总是有我有物而熙熙攘攘，却是出于外在的凭借、所求。

即使是至上仁者——最合乎仁的状态的人，因有我而会有所追求，不过所为出于“我”的内在本性本心，不是凭借外在的观念与规则。即使至上义者——最合乎义的状态的人，也是有我有物，因此有所作为，且总是要以实现彼此的和谐为起点，外物也是考量之一，是出于对外在原则的服从与外在观念的追求。即使是至上礼者——最合乎礼的状态的人，总是有我有物，躁动妄作，但是出于外在的法度，没有人会响应他，就扬起胳膊，强行让人服从。

因此，当人失却道的状态之后，无法自在虚无、本然澄明，就会形成“吾”的观念，但知返道，而“吾丧我”；在无法坚守“吾丧我”的状态后，“我”就会彻底觉醒，造就物我的分别——也就是去制造物，并以“我”的衷心出发，追求所谓内在本性的仁爱状态；在失去对“我”的至善内在本性即仁爱的坚守后，就会注意于他者对我的回应，在意我的付出与他者回报的平衡，强调人与人之间的处世原则；在这些简单的人性原则也无效用后，就会诉诸更为外在的，也更为直接而烦琐的礼乐法度。

实则，倡导礼乐法度是所谓衷心、赤诚——义、仁等人伦衰弱的表征，是世道昏乱的开始。但即使是智、圣等相对具有内在性的人性观念及其背后作为根本的“我”，也终究只是大道虚无面前的浮华，是妄诞的分别，是人昏昧的开始。因此，大丈夫持守“吾丧我”的厚德，不外求礼乐观念为依据，处自虚无别的朴实大道状态，不安性命于浮华的圣智、仁义以及“我”等观念。故去除那些虚妄，栖息于真如。

本章是针对所有人的经，为在世修行指明路径。它倡导明道致知，洞明真吾真如，遵从自然、本性、内在，破除妄诞浮华，不委身于外在的观念、法度，也不求美名，否则无法安身立命。同时权且区分了几种境界。

道的境界，自虚无别。无我，故也无物。自在虚无澄明、本然清静无为。行道者以此实现自身与万物的自在自化，筑造真如世界。在此世界中，万物不知其功，故也无名。

德的境界，“吾”开始出现。这个“吾”，具有“我”的性质，但他知觉道，明白自虚无别才是真，因此“吾丧我”。他效法道，走向虚，为无为，总是见素抱朴，少私寡欲，绝学无忧，总是克己、玄之又玄、损之又损。也因此，行德者养物不矜，利物不争，然物知其功而名之。得取美名，本非其所望，物知而誉耳。行德者利万物，但有痕迹，物知而赞誉之，故有恒名。

仁的境界，“我”已树立。仁者强调“我”的爱人之心，衷心赤诚，内求而不外求。慎独,不外设观念,以此作为,不求回报。受利者也无以为而自然行事,但无为本可如此,此举实为“余食赘行”。

义的境界,要求彼此互爱,已注意、关注到外在。尊义者,强调行为原则,就是在人心之外另立规矩,人们以此作取舍,只会伤害“我”以及自然本性。

礼的状态,相对于仁义而言,更是完全外求,以外在的具体规定为依据凭借。它完全没有“我”、没有心。即使有“我”,也是让外物满足自己的欲望。强行尊礼者,直接外在化地规定人的仪态,悖性之至,必令人心生伪诈。

当然,对于老子而言,只是依礼而行,则为愚昧之始。依礼虽外求,以外在为依凭,设置规矩条文,但终究要求人自觉行之,非礼则自省自裁。“礼不下庶人,刑不上大夫”即说贵族——自觉者依礼行事,非礼则自裁,不待他者刑杀。春秋以前,士以上知礼从礼,而庶民不知礼,也无须自觉,如有失则大夫依礼裁之。此后,贵族也依从法,则是自觉性的丧失,是堕落。故依礼,是未见真如的愚昧,但尚非禽兽。失去“我”,又无礼,则是禽兽。如法,相对于礼而言,则更为外在。法为外在,又待他人审判、裁定、惩罚,全无为人的自觉,故是禽兽。至于无法,老子更不屑言之。

总之,本章论说道的自在虚无、自诚而明、本然清静无为是最高境界。而德的“吾丧我”,致虚、为无为,是返动于道,也合于道。至于“我”则是分别,彻底从虚无中拔离。而“我”的圣智则是愚昧的开始,其下的仁义更不足道,至于礼乐法度则更是混乱的基石。因此,它强调第一境界法道自虚无我无为。第二境界行德,“吾丧我”,自省克己。直言失去内在道德,皆是歧途。人无仁心,如礼何?如乐何?这已经是次一等的,更何况外求于礼乐,则如无源之水、缘木求鱼,礼乐也必是异化之物,人也只能成为木偶。

从君王治国的层面看,本章是告诫君王应行太上之治,尊道行德以治天下。论说了道、德、仁、义、礼的异同与关系,指出道、德才是治国之本。法道、顺性、无为,不先作用于百姓,百姓自然行事;其次,行德,此德如母,养物不矜，利物不争，然物知其功而名之。君王行德，生养百姓而已，但有痕迹，百姓知而赞誉之；除此之外，皆不足称。如仁、义、礼等皆是愚、乱之说，即使君王行仁，强调爱人之心，以此作为，百姓终也无以为而自我行事，但无为本可如此，此举实属“余食赘行”；君王尊义，强调行为原则，在人心之外另立规矩，以此教化要求，百姓以此作为自己言行的取舍，必有损于本性本心；至于强行尊礼，直接外在化地规定人的言行举止，乃至仪态情貌，必令难以响应的百姓心生伪诈。因此，君王必须遵行前者而绝弃后者。

从人类社会发展的层面看，老子认为人性本虚无清静，只是因身上百分之十的“有”而物接而有情，情生不知返中调和而有欲，但人有“知”，知道而返，则不离本性。只是在智巧的俗人看来，性自清静过于玄虚，知性而道动更是需要一定精力与思索，庸人们蒙昧难以为之，于是造仁义之说、礼乐之制，作为后者的参照与禁劝，使其可以不费思量，依凭而行。后来的法度，以及现在的“信息”皆是同理，只是更巨细森罗。也就是说，古往今来所谓社会的发展是人追求减少本性之思、建构外在依凭的过程。如果说本性及其思量是人性，是人之为人的原因，而所谓社会的发展则是人性被不断边缘化、逐渐隐退消逝的过程。在未来，当“信息”日增而无所不至时，人文觉醒以来的人将消失，那时它将以新的状态持存。此与神学时代相类，只是那时人依附于神，未来则附属于人工智能及其所造信息，成为它的圈养物或臃赘多余之物。

三十九章

昔之得一[①]者，

天得一以清，

地得一以宁，

神得一以灵，

谷得一以盈，

万物得一以生，

侯王得一以为天下贞。

其致[②]之，

天无以[③]清，将恐裂，

地无以宁，将恐发，

神无以灵，将恐歇，

谷无以盈，将恐竭，

万物无以生，将恐灭，

侯王无以贵高，将恐蹶。

故贵以贱为本，

高以下为基。

是以侯王自谓孤寡不谷。

此非以贱为本邪？

非乎故致数与无与[④]？

不欲琭琭[⑤]如玉，珞珞如石[⑥]。

注释

① 一：自虚无为，阴阳冲和。河上公解作："一，无为，道之子也。"王弼："一，数之始而物之极也。"

② 致：专心致志，一心为之，指无为而坚守之。又河上公解作："致，诚也。谓下六事也。"

③ 无以：不以此为凭借。

④ 致数与无与：致，致力，又作“至”。数，术。与，通“于”，又作“舆”“誉”等。无，虚无、无为。句尾的“与”：通“欤”，语气词，又作“舆”“誉”等。

⑤ 琭琭：指玉美而以光亮色泽自耀。

⑥ 珞珞：指石坚而以硌硌之声自固。又河上公解作：琭琭若玉，少而贵，硌硌若石，多而贱，人当处其中。王弼以有形无形之理，解作：“玉石琭琭、珞珞，体尽于形，故不欲也。”后人或综合两者之说，指人当效法石子，去贵守贱。

评析

老子说：以往合乎大道者——天自虚无为而清；地好静无为而宁；日月四时无为不争，故能各守其序；江海处众物之下，故得水之归注而充盈；万物和谐不争而生生不息；侯王也是自虚、无为、处下，才能尊处“贵高”之位。他们坚持行德以道。因为天若不以此实现清澄（不自虚而自彰妄动），将裂变而陨石纷落、雷电交加；地若不以此实现宁静（不好静而妄动），将变得山崩地裂；阴阳四时若不以此而实现合序（不好静而相争），将变得混乱而不得应验；江河如果不以此实现充盈（不好静无为处下而争高争流），河流也将因水泄不止而变得干涸；万物如果不以此实现生息（不好静而相争杀），将灭绝；侯王如果不以此实现高贵（不自虚无为处下而增益高且贵），将失去尊位。因此，贵总以能贱为本，高总以下为基。所以侯王总是自称“孤”“寡”“不谷”等贱名。这不就是以守弱处下为根基吗？不也正是因此而致力于自虚无为吗？因此，不可若美玉炫以琭琭之色以自耀，不可若坚石而响以硌硌之声以自固。应当和光同尘，守辱处下。

本章论说世界中万物的本真存在状态——“一”，即整体性，也是事物的完整性。它是万物真正的存在状态，是万物确立和维系自身的根本原因，万物皆不能违背其理，人也一样。

维持“一”，才是尊道行德。从古至今能实现尊道行德——自虚无为不争者，皆能实现自己的功用，确立自身；若以“得”为之，非道而行、自矜自伐、贪而无厌，必自败其身。天地、日月、四时、江河都是因道而存，失道而败。如天自虚无为，才风调雨顺，生养万物，实现其生养的作用，从而确立自身。若欲彰显自己而陨石纷落、电闪雷鸣、疾风骤雨、浑浊不清，则不能实现天的生养作用，也就不能实现自身的存在，也就不是天。“飘风不终朝”，天地风雨违背道，也不能长久，何况侯王呢？

君王身处至高至贵之位，但自称“孤”“寡”“不谷”，不仅是因幼而丧父、中年寡居、老而无子等为不祥之事，以此自贱，也在于圣人在获得尊位美名时，仍谨记治下还有孤苦、饥寒、无所养的悲惨之人，自己仍未尽全生养之责，时刻自警自省，勿妄自尊大、得意忘形。故有道君王总是尊崇自虚之道，以低贱为本，以无为为归。他处亦云“多言数穷，不如守中”，可为此注脚。老子也以此劝诫当下君王不可如美玉坚石，言外之意，当尊道行德，自虚无为、守弱处下。

当然，一些版本调整了部分断句，如断作“天无以，清将恐裂。地无以，宁将恐发。神无以，灵将恐歇。谷无以，盈将恐竭。万物无以，生将恐灭。侯王无以，贵高将恐蹶”，并将后半部文字改作“此非以贱为本邪？非乎？致数舆无舆（致数誉无誉）”等。这样使得相关内涵发生了较大变化，如解作：以往能法道无为者，天得之而清澄，地得之而宁静，神得之而能变化无形，江海得之而充盈，侯王得之而为天下主。但它们都警惕以下事情——天不能无止境地保持清明（当有阴阳变化），否则将分裂不为天。地不能一直欲求安静（须五行运作），否则将发泄不为地。神灵不能一直变化（当有休息时），否则将疲歇而不能为神。江海不可一直求取盈满（当盈缩），否则将枯竭。万物也不能求长生（当随时生死），否则将灭绝。侯王也不能一直欲求高贵于人（当礼贤下士)，否则将失去尊位。因此，贵总以能守贱为本，高总以处下为基。所以侯王总是自称“孤”“寡”“不谷”。这不是以守辱处下为本吗？难道不是吗？因此，过度关注辐、轮、毂、衡等构件，则无车子的确立。因此，不要像美玉那样炫耀色彩达到尊贵的极致，也不要像坚石那样低贱到了极致(应调和守中)。

这种解读将道与“一”混同，使“一”的内涵与意义获得了极大提升。首先，“一”是宇宙混一的状态，与无、零有本质区别，也与物不同。它代表着万物与生发力，也是万物此后要持守的状态，事物所以能存在，在于无为混一。因此，“一”是自身确立的原因，而非表象。其次，“一”是无我也无他的状态，天然地具有平衡性、允中性。落实到具体事务，在个体层面则是执中，不偏于一端，不单方面地突出自身某一方面的极致，即使它是自身确立的因素之一，也要知道减损。正如各个部件不突出自身，才构成车子，实现车子的存在。因此，不是车子构成了车子，而是无车子之名的部件构成了车子。这些创造义皆颇为深刻，不过新理念的加入也使本章的文意变得晦涩、紊乱。

四十章

反①者道之动，

弱者道之用②。

天下万物生于有③，有生于无④。

注释

① 反：兼具“返”“反”双重内涵。返，万物皆将返回本源，见素抱朴，辅助道生发万物。反，万物皆是整体性存在，相反相成、对立而存，如有无皆在一物

之内，生死皆在生命之中。在持存发展方面，物极必反，这个反可以是返回本源，也可以是直接走向原有状态的对立面，生转为死、善转为恶。

② 弱：柔弱，守辱，处下。用：功用，也是事物确立自身的依据。

③ 有：形，体，象，色。可以凭借之处，也是事物的分别处。

④ 无：无形无象，道。也是分别事物的边界。

评析

老子说：返回本源、对立而有、物极必反，是道对万物规定的运作，守弱处下是道赋予万物确立、呈现的方式。天下万物都直观地确立于可见可听、可嗅可触的形体，但形体功用的确立与呈现却源自虚无。或者说天下万物的边界都直接来自分别，但分别却扎根于虚无。

本章从道的视角观照事物，以及无与有。它论述了道的运行与呈现的基本特点——返、弱，且点出了返动、弱用的基本情况。

在道动方面，存有两种运作：一是生发，慈爱、生养。二是自虚，归复虚无。在生发方面，慈爱、生养发于衷心，只要在为中不离开自己的根本，不为主宰，辅万物之自然，就是道动。在虚静方面，不仅是虚无、无为，还有走向虚无和无为的归根以及知晓此理的明。即有自在之虚与自虚（即玄之又玄）、本然无为与归向无为的“为无为”（即损之又损）。玄、损虽然是为，但是归向无为，返动虽是动，但也是道动。如同冲、和的关系。冲是本然之虚，和是发而归虚，两者皆是道动。不论是已在太上境界的虚无、无为，还是以虚无、无为为归根的在路上，都是道动。在诚明方面，有本然诚而明，有明而诚。“中”指本然诚，诚而明，“和”指自明而诚，两者皆是道。即道不仅是本然之诚，还有从混乱中明诚。因此，道与教也能合一，如“学不学”“教不教”。以归诚——明不学、不教为根，走向此根的学与教也都是道动。

道之“反”兼具返回与相反两种内涵，即其运作在于相反相成、物极必返(反)。首先，事物的诞生特点与存在状态为相反相成，应以整体性去看待一体两面。如事物的持存即在于有无相生，只是世人见有而不知无，故老子提醒无也是根底。其次，事物发展到极致，则将返回初始状态，即尘归尘、土归土，回归混成。或者走向自身的反面，白转为黑、荣变辱。当然，最大的反转仍是实有转而虚无、分别转向混成。这两种解读虽然有较大分别，但根本处仍一致。它们代表着世界中(筑在道上)事物的发展规律，相应的就是要求事物自虚、守弱、处下。

在道用方面，即万物自然状态上，老子认为“用”呈现了万物的实存，物失其用，即失本性，败亡将至。故保有其用是保有本性的体现。欲保有其用，须保持和的状态。虚、弱和实、强皆是和得以实现的条件，需要中和之。道在维持万物的存在时，尊奉柔弱，封功进爵于增益柔弱本性者，责罚刚强满溢者。道体特性便是虚无冲和为一，无所谓上下，无所谓物我彼此，总是随方而是，损有余而补不足。天地也效法它，天守不足于西北，其下的大地高以强；地自守不足于东南，其上的天高且广。它们自损守弱，补不足于对方，从而实现上下相合，中和平衡。其他事物皆是如此。如柳树、人的存在等等。君王则更应效法这一原则，身居尊位，执柄大国，但自虚无为、守弱处下，亲睦百姓、协和万邦，最终实现自身、君民、天下的中和，成就大治。虽然虚与实、弱与强皆互为条件，但世人乐实厌虚、喜强恶弱，偏于一端，多失和，故老子极称虚、弱。

四十一章

上士闻道，勤而行之；

中士闻道，若存若亡①；

下士闻道，大笑之[②]。

不笑，不足以为道。

故建言有之[③]：

明道若昧，夷道若颣[④]，进道若退，

上德若谷，大白若辱，

广德若不足，建德若偷[⑤]，质真若渝，

大方无隅[⑥]，大器晚成[⑦]，

大音希声[⑧]，大象无形，

道隐无名[⑨]。

夫唯道，善贷且成[⑩]。

注释

① 亡：通“忘”，遗失、遗忘。中士守道不坚，时行时废。

② 大笑之：“大”指讥笑的程度。下士闻道自虚无为、守弱守辱处下而欲天下归附，讥笑之。又根据“天下皆谓我道大，似不肖”之言，解作“大而笑之”。

③ 建言：明健、健达之言，也就是名人名言。又河上公解“建”为设，指为设言，王弼指“建，犹立也”。又解作古书名，将“有之”解作书中有以下语。

④ 夷：平坦。颣(lèi)：丝多结，比喻路多阻不平。

⑤ 偷：“愉”俗字，偷惰、苟安。

⑥ 方：古指数个并排而立的物体，此处指大的事物。隅：边角。又河上公解作：“大方正之人，无委曲廉隅。”

⑦ 晚：通“免”，无。指至大之器无定型之态。又河上公解作：“大器之人若九鼎瑚琏，不可卒成也。”

⑧ 音：指成文之声，已编织完备的五声组合。声：指单独发声，即宫商角徵

羽。至大之音不需太多复杂的五声变化来体现。

⑨ 道隐无名：道大而无形可视、无名可称。

⑩ 贷：给予，施予。又于省吾认为“贷”乃“始”音转，解作肇始。成：成就万物，功成事遂。

评析

老子说：上士闻道，勤勉行之。中士闻道，守之不坚，时举时废。即中士闻道，见其能修身、齐家、治国、平天下，于是欣然存之，但在具体行动中，知其要自虚、少私寡欲、守弱处下，又遗失、忘却它。下士闻道，大笑讥讽。即下士贪狠多欲，听说道用柔弱、朴素，认为这是怯懦、浅陋，从而讥笑它。不被下士所讥笑，就不足以被称为道了。因此，健达之言有这样的话：光明的大道好像昏昧的样子，平坦的大道好像多阻的样子，可以阔步前进的大道好像只能退却的样子，而最高的德行总是处在人所不喜的下处，最大的荣耀总像受到辱没，施恩广大的德行总像是不丰厚，刚进昂扬的德行总好像安于现状而偷懒，本性纯然总好像是浑浊的样子。虽然道及从道而行的德，总非以人所喜好的面貌出现，但正如至大的物没有边界，至大的器没有定型之体，至大的音没有可辨听的五声，至大的象没有上下相分之形。道大而潜隐，不具体呈现其大，故世人不知而不得功名。但只有道能生万物，又养育、化成万物。

本章描述了士人听闻道——道之自虚、无为、守弱、守辱、处下时的不同反应：上士会勤勉行之，中士守之不坚，下士因其与庸常理念相悖而讥笑。但老子指出，若不被好大喜功者讥笑，便不足以称为道，因为尊道所做的，正与下士所期望的相反。从而以此进一步论述道和法道而行的德的基本特点。同时，指出虽然道及从道而行的德总非以人所喜好的面貌出现，但不华而实。并以“大方无隅，大器晚成，大音希声，大象无形，道隐无名”晓之。此句是对道基本特征的阐释，语序遵从物、器、音、象、名——由具体到抽象的过程。

大方无隅：一般解读为至大的方形没有角。战国中期确实存在类似“大方为圆”辩题，但此处与之无关，或者说此辩题本身乃是后人曲解、发展老子思想的产物。本义指至大之物无边界，如古人认为大地无边界一样。

大器晚成：老子所言的器不一定为实体器物，可以是抽象事物。如云“天下神器”，即此理的又一体现。同时，孔子曰“君子不器”，应是受其启发，理念相类，可相参照。

大音希声：关于音、声，老子多有论述，如云“音声相和”“五色令人目盲，五音令人耳聋，五味令人口爽，驰骋畋猎令人心发狂，难得之货令人行妨”等。此处指至大之音不会有过多的五声变化，不需太多复杂的后者来体现。老子在此主要指道音，无声不言，如其指天地总希言自然一般。后庄子“天籁”与此相关。

具体到社会上的事物，老子说“五音令人耳聋”，反对过度操弄五声变化来编织复杂的音乐，希望“音声相和”，强调音乐的简洁、中正、平和。我们可以联系当时的雅乐与郑音，以更好地理解。雅乐，以《韶乐》为代表，平和中庸，表现在声音上即少变化。被后世尊为百乐之宗，常与伏羲、文王、孔子等圣人相联系的古琴乐，便具有这一特点。郑音则注重变音变调，将五声变化发挥到极致，甚至形成多重奏、交响乐等。反对郑声不仅是精神层面的，也直接涉及物质层面。追求五声变化需要更多的乐器组合，如须铸造更多组合的编钟。这些必然导致国家消耗更多的铜、铁，增加百姓负担。孔子崇尚雅乐、反对郑声，与老子理念一致，可相互参照。

大象无形：象，老子曰“道之为物，惟恍惟惚。惚兮恍兮，其中有象”，又云一者，“其上不皦，其下不昧。绳绳不可名，复归于无物。是谓无状之状，无物之象，是谓惚恍”。形，其云“长短相较（形），高下相倾”。在老子看来，在一定层面上可以说道具备象，但虚无为一，无上下之分、前后之别。形的本质即是上下相分、前后有别，是可区分的。道有象而无形，所以说至大之象无形。

道大而无名，则是对前面的总结，指道至大而虚无，无上下之分——无形体，也就无名称与声誉。道体虚无，但只有它能生万物，又养育万物。道及遵从其而行的德都具有自虚、柔弱、守辱、处下等特点，对于世俗而言即不华。但它们功用无穷，即所谓实。故道、德之于人而言是不华而实，且唯有行德以道，才能善始善成，不至于在物壮时衰亡。

当然，如果将经文直接对应为有道之人德行的描述，也可以解读作：明道之人好像昏昧无所见。进取道的人像退却、赶不上社会。大道之人不自我标榜以突出自己，总是和光同尘。上德之人像深渊江河，不耻垢浊。大洁白之人若辱浊，不自我彰显。德行广大之人若愚顽不足。刚健行德的人好像偷惰、空虚。质朴之人好像色彩不鲜明。大方正之人总是委曲求全，没有棱角。大器之人总是难以速成，持久才有成就。大音如雷霆，总是要待时而动，不可经常发生。大法象之人无形色，无法形容。有道之人就是这样广大而润物无声。道及其大德总是与一般世俗所建构的种种浮华、妄诞的观念相反。它和光同尘，守弱处下，总在细小处为之，无名无功。也唯有如此，才能长生久视，安和于世界之中。

四十二章

道生一①，一生二②，二生三③，三生万物④。

万物负阴而抱阳，冲气以为和。

人之所恶，唯孤寡不谷，而王公以为称。

故物或损之而益，或益之而损。

人之所教，我亦教之。

强梁[5]者不得其死，吾将以为教父。

注释

① 一：气。又称水、炁。

② 二：阴阳。阴气、阳气，清扬之气与浊沉之块，两者造化天地等。

③ 三：清、浊、和三气，化为天、地、人。

④ 三生万物：天、地、人共生万物。天、地施化，人生养之。

⑤ 强梁：不尊大道而强暴者。本指强力巨木，木强则折，一则容易招来砍伐作梁，二则作梁时，也承重物。古代房屋首先塌的就是屋梁。或者梁也指堤坝，再刚强的木坝，如果阻挡柔弱的流水通过，也会被冲毁。又解作"强良"，身体强健，孔武有力，多指自恃其强者。

评析

老子说：道化生混成之气，气生发阴阳，阴阳和合而有清气、浊气、和气，对应天、地、人。这三根，天、地施化，人去生长，以道的方式造化万物世界。世界中的万物以背负阴而下怀阳的方式存在——阴气浊而下沉，阳气轻而上扬，两相冲调以实现和，而得以持存。世人所厌恶的事就是孤苦、寡居、不生养，但王公却以此自称。因此，事物总是减损而致增益，增益而致减损。圣人这样教导我，我也这样教导后来者。违背大道而强暴者不得善终，我将以此作为教诫的开端与宗旨。

本章论说世界由四根筑造，万物由此而存，也遵循相应的机理。从原始本义来说，"道生一，一生二，二生三，三生万物。万物负阴抱阳，冲气以为和"是对《易经》太极八卦思想的发挥。道生气，气生阴阳，阴阳二气生天、地、人，分别是轻阳、沉阴，以及阴阳之精。阴阳冲和，而三生万物，即阴阳二气各占天、地、人三才爻位而形成先天八卦，先天八卦即指代万物。万物都是以太极含有阴阳，且以上阴下阳的冲和方式而持存。泰卦就是如此。如果阳上阴下，则是分离，是否卦。阴阳分离即是死亡。阳魂在上则飞升清天，阴魄在下则归于大地。故“鬼”，归也。

不过，老子在《易经》思想的基础上，做了重大发展，由三才上升为四大。世界由天、地、人、道四大筑造，而四大之间是一生共生的关系。“道生一，一生二，二生三，三生万物”中的一、二、三等数字十分简洁，同时也具有别样的神秘感。但它只是一种方便说法，不可执迷于文字表象。就其内涵而言，可以简单地将它们与天、地、人对应。道与它们为四根，一同筑造了“世界”。

我们要注意这里的“一生二，二生三，三生万物”之间并不存在严格意义上的、割裂的时间次序，道、天（时间）、地（空间）、人，它们的存在无法离开彼此。当然，在这里道可能特殊些，但归根到底，也是如此。如它也无法离开天、地、人而存在，缺少其中任何一因素，就没有道。在这样的前提下，才能对相关的“生”有真正的了解。在四根筑造世界的过程中，它们是共时的、即刻的，甚至可以说起初还不存在时间，那个时候时间和空间还未诞生，在世界筑造后，时间、空间、人、道才开始。

“道生一”，也就是指道体虚无而显出了混成之气的存在。混成之气一体，无上下之分、左右之别。“一生二”则指混成气开始被区分，清扬之气、凝沉之块相互分离，化生天地。也就是指时间和空间产生。“二生三”即指阴阳二气冲和在人处。天地聚焦于“人”这一点，也就是在天地（时空）之中，人也得以产生。“三生万物”指时间、空间、人等事物在道这种路径中，化生出万物。即人在时间、空间中，以述说的方式（述说是带有时间性、空间性的）从混沌中把万物分别出来，筑造了世界。

道是筑造世界的通道、路径。道体虚无，虽然虚无是一种，但又化生为千万种。千万种道，就是千万种事物。“道生一，一生二，二生三，三生万物”，亦即道生出一种道，一种道又生出两种道，又生出三种道，千万种道，千万种事物。因此，有天道、地道、人道、草道、石头道……万物各有其道。道就是事物所走上的路，所持存的状态，反过来说，即走上什么样的通道，就是什么样的存在。

在混沌中化生的世界，亦即万物，是由天、地、人、道造化。万物也因此有分别而显象，但分别只是一种寄托，一种暂时的迹象。在这暂时的世界中，万物的持存也受筑造根基的影响。其中每个个体都是负阴抱阳，冲气以为和而得以持存，这是物性固理。也就是说事物都以和为体，以自虚自损守弱处下为用。体就是持存，用就是保存自我。万物阴阳调和而得以保全，阳极则灭，阴极则亡，因此保守柔弱，总是会处于生长的状态。如同柔弱无形的水与气却能在坚山石壁间出入，因此自虚无为、守弱处下的益生之用是再明显不过的。如果某物至尊至贵，极于一端，则应自损，守弱处下，以冲和。如此才能保和，不至于离裂而灭亡。事物的存在以损益之法维系之，阳极而阴之，阴极而阳之。外损之，实调其和而益生也。否则，外益之，只是失和而害生。

人也是这样的存在。从根本上而言，人只是一个位格，普通人只是一个尸位。只有当人懂得物性事理，在自我的持存中，实现自虚、冲和时，才能成为容、公、王——修得贯通三才的状态。

人为创造主，是阴阳之精，万物至贵者，因此需要懂得自虚、守弱、处下。在万物之中，即使获得尊位美名，也仍自警自省，勿妄自尊大、得意忘形，如此才能真正地贯通三才，实现为四大之一，以此持存而筑造世界。逞强者被万物所厌弃，不得善终。这些道理对于普通人的修行与君王治国平天下等皆适用。

四十三章

天下之至柔,驰骋天下之至坚。

无有入无间[①],吾是以知无为之有益。

不言之教[②],无为之益,天下希及之[③]。

注释

① 无有:无实体,指气与风。无间:无隙之坚壁。又河上公解作:"无有谓道也。道无形质,故能出入无间,通神明济群生也。"

② 不言之教:河上公曰:"法道不言,帅之以身。"

③ 希:少。及:比得上。

评析

老子说:天下最柔弱之物——水,流淌贯穿最坚固之物——坚石与高山。无形体之物——风与气,能够贯穿无间隙的墙壁。我因此知道自虚无为、守弱处下的益处。不造作观念的教化功用、虚无无为的益生作用,天下没什么比得上这些的。

本章论说,在世界中,道造化并周流行于万物,无贯穿于有。从形上玄虚论,大道无形无质,却能贯通于神明、群生。即大道无生死、无形象,却可以贯通主宰芸芸众生与变化莫测的神明。从具体处而言,柔弱、不定形之水贯穿坚石、川流于群山之间,无形之气可贯穿坚硬的石壁,乃至吞噬铜铁。当然,从人处而言,其实世上至柔之物是人心,至坚无间之物也是人心,无形无象之物亦是人心。用柔弱的心能化解最坚硬的苦难,最坚硬的心能制造最大的悲剧。它无形无象却贯通、渗透在整个世界中，无所不至，无所不是。

老子通过这些道理以明晓大道的自虚无我、无为无名在世间，尤其是事功方面的作用，以及少私寡欲、慈爱而不主宰的效益。总之，无为而无不为，无名而天下知之，反而拥有恒名。当然，这些思想背后涉及老子“用”的理念。他也以其出发，对“虚”“弱”进行强调。与“用”相关的理念在其他章节中会继续展开。

四十四章

名与身孰亲？身与货孰多？得与亡①孰病？

是故甚爱必大费②，多藏必厚亡③。

知足④不辱，知止不殆⑤，可以长久⑥。

注释

① 亡：丢失，走失。

② 费：损耗。

③ 多藏必厚亡：过分搜刮、封藏财货，必然导致更大的亡失。河上公解作：生多藏于府库，则有攻劫之忧，死多藏于墓穴，则有掘冢之祸。

④ 知足：少私寡欲，不争名利。

⑤ 殆：危殆。

⑥ 长久：长生久视，长治久安。

评析

老子说：美名与天然的自我，对于自己哪个更切身？天然的自我与丰厚的财物，哪个更重要？得到外物与丧失内在，哪个才是病？过度求取美名必大害身心，过度收敛财物必危及生命。对于名利的追求，知足则不会祸至；守辱，知道停止，则不会危及地位与生命。如此可保有内化——长生久视，成全外化——长治久安。

本章论说在世界中，道是根本，定无与有、生与死，以及一切喜怒哀乐。在道、物之间，主道。同样，在人与物之间，主人。皆内求。因此，在性命真吾与伪我虚名妄利之间，前者更为重要。且事物总有极限、边界，在一定范围内存在一个整体性的平衡，内与外、我与物之间也是如此。内多则外少，外多则内损，因此总是损之而益，益之而损。人们当懂得道与真吾为本，内益而外损，才是真如，才是道动。因此，益生之法在于对外要知足知止，损之又损，玄之又玄。

就具体内容而言，则与上一章所论有一定关系。上章说最可宝贵者就是去强守弱的教化功用和自虚无为的益生作用，没什么比得上这些的。本章继而问：美名、财货与天然的自我，对于自己而言，哪个更亲近、更重要？得到了外在的东西与丧失了内在的事物，哪个才是病态的？这样的问题不证自明。人们在权衡下，定然会认为自我的保全比对外物的占有更重要。于是顺势告诫，人生在世过度求取美名，必然耗费精神，大害于身心，而过度搜刮、封藏财货，必然导致更大的亡失。

这些不仅适用于解答普通人劳碌、焦苦、生无一日之欢的困境，也同样可解答君王治国多事而愈乱、多言而数穷的危局。君王食税多，则百姓饥，饥则不畏死，君王就会有身灭国亡之祸。因此，君王要返回道，自虚、守弱。对于名利的追求，知足则不会祸至；守辱，知道停止增税自利、立法自耀、用兵自固等不道之行，则不会危及地位与生命。如此才可保全自身，长治久安。

四十五章

大成[①]若缺，其用不弊[②]。

大盈若冲[③]，其用不穷。

大直若屈，大巧若拙，大辩若讷[④]。

躁胜寒[⑤]，静胜热[⑥]。清静为天下正。

注释

① 成：全。

② 弊：敝，败。

③ 大盈：至大的充盈。江海河谷、天地之间，以及道等。冲：虚无。

④ 大辩若讷：河上公："大辩者，智无疑。若讷者，口无辞。"王弼："大辩因物而言，己无所造，故若讷也。"

⑤ 躁胜寒：河上公："胜，极也。春夏阳气躁疾于上，万物盛大，极则寒，寒则零落死亡也，言人不当刚躁也。"王弼："躁罢然后胜寒。"

⑥ 静胜热：河上公："秋冬万物静于黄泉之下，极则热，热者生之源。"王弼："静无为以胜热。"

评析

老子说：至大完满的事物看似缺失不全，但它的功用无穷，用之不败。至大的充盈看似虚空虚无，但用之不尽。至大正直像曲委，至大灵巧似愚拙，至高辩论似讷言。在世界中，万物躁动盛极，将归入冰冷枯槁，清静含藏到了极致，则化生出热力生机。因此，清静才是天下万物的根基。

本章论说在世界中，大道总是朴实无华而功用无穷，自虚而化成万物、无为而无不为。如同至大的完满随事物的变化而成，不定型，没有完全的自我，好像总是有所缺损的样子，但它的外在呈现是无终止的。至大的充盈，如空间等无处不在，反而像是不存在。至大的充盈也是哪里有缺失，就补充哪里，不会自我独立、突兀地呈现，好像没有自身的存在一样，但它的呈现也是无穷尽的。至大的正直也是随物而变，没有定型，因此看上去就像曲委一样。至大的灵巧也是因循自然，不自我造作，因此看上去没有自我的智慧，像受制，非常愚拙。最大的辨析、指称，总是根据事物本身的情况来言说，让事物自我呈现，自己不会有造作、发挥，没有自己的机敏，看上去总是十分木讷的样子。

同样，清静看似什么都没发生，但却以此生发万物。“清静为天下正”，可以结合四时的变化解读。从万物的生机来说，是“安以久动之徐生”，在清静到了极点后，会徐徐更新、生化。同时万物躁动，纷繁复杂，但云云各归复其根。之后清静又进一步促成生机。即万物躁动盛极，将归入冰冷枯槁，如秋冬时的凋零；清静含藏到了极致则化生出热力生机，如秋冬之后进入春夏。也就是说，万物也是春夏躁动生长，但到了极致就会归于寒冷衰败，而冬夏时万物清静到极致，又会产生新的生命力而徐徐生长。所以万物的死亡与生发都源自清静，它才是天下根基所在。因此，动与静并不完全对立统一、辩证对等，而是以清静为根基、为主导。

就具体内容而言，本章也是承接上一章而言，并做了深化。上章讲爱名求利而妄自作为，必将祸及自身，只有知足守弱，无为行之，方能保全自身。这样的道理对于那些只见华美而不见实质的中士、下士等还要进一步说明。要让他们明白在华而不实之外，还有事物实而不华却功用无穷，而自虚无为之道就是这样。并强调从柔弱进一步返本到清静，明确清静无为乃根基。

同时，从另一个角度而言，它说的也是内在真切与外在浮华的关系。事物都是在一定范围内持存，是一个整体、一种平衡，阴阳冲和。内在与外在、真切与浮华也一样，皆此消彼长。外在、外物之有减损到极致，则至于无。无则有无限可能，具有更大的生发力与可能性，近道。因此，应求内在真切，而不求外在浮华。

四十六章

天下有道，却走马以粪[①]。

天下无道，戎马生于郊[②]。

祸莫大于不知足；

咎[③]莫大于欲得。

故知足之足，常[④]足矣。

注释

① 却：却还，归还。走马：善跑的马。战时，一般也是最好的军马。粪：河上

公曰："粪者，粪田也。治国者兵甲不用，却走马以治农田，治身者却阳精以粪其身。"

② 郊：郊野，代指战场。

③ 咎：《说文》："咎，灾也。"

④ 常：恒，始终、长久。

评析

老子说：天下处于合道状态，则人人守精气以修身，邦国也归还牛马以肥田。天下无道，则人人纵欲，邦国也好杀伐，令有身孕之马生产于战场。灾祸里没有胜过不知足的；罪过里没有大于谋求外物、贪得无厌的。故知道反求自身、守养内在，以实现内在的满足状态，才会是可以恒久的充足。

本章论说有道天下、无道天下的各自表现，并讨论各自的成因。从根本上而言，若人人自虚守静，则将实现个人、邦国乃至天下的宁静、和谐。与之相对应，多欲则是昏乱的症结所在。欲望总是使人从平和中分裂，处于纷争、战争状态。

在个人层面而言，欲望使人从自然虚静中分裂出来，陷入焦虑状态。在人与人之间，使彼此从平和的关系中分裂出来，堕入竞争、争夺，乃至敌视、争吵的状态。在群体与群体、国与国之间，从彼此和平中撕裂出来，陷入战争状态。这些情况从小到大，并无本质的区别，邦国之间的战争只是群体层面的一种表现而已。多欲与战争是内与外、里与表的关系。

当然，这一章还是倾重于君王治国层面。指出君王有道，则还马于农耕，农人以此利耕而有丰年。君王无道，马皆入军阵。在此之下，青壮无、农具缺，农事必受阻，而灾年至，民生必然凋敝，其祸罪可通天。因此，对于君王而言，贪婪纵欲是最大之罪，知足才能免除此祸患。老子曰："知足不辱，知止不殆，可以长久。"亦即此意。既然知足可以避祸，那怎样才能达到知足呢？老子曰："不欲(知足)以静。"下一章即具体言之。

四十七章

不出户①，知天下②；

不窥牖③，见天道。

其出弥远，其知弥少。

是以圣人不行而知，不见而名④，

不为而成⑤。

注释

① 户：门。

② 天下：即指世界，是个人、社会以及其他生物与非生物所构成的整体。

③ 牖(yǒu)：窗。它与门一样皆喻指身与外在之间的门阀。

④ 名：命名。述说万物，筑造世界。王弼注："识物之宗，故虽不见，而是非之理可得而名也。"

⑤ 成：成就万物。辅万物之自然，万物自成，世界也得以筑造。

评析

老子说：不出房门，就知道天下万物；不窥视窗外，就能见知世界的法则与运行。人出去越远,陷于外物越深,对天下、天道的所知就越少。因此,圣人不出行就明晓天下事,不用眼看就能指称述说万物,无为而成就万事、筑造世界。

本章主要论说知天道、行天道的法则。在筑造世界的过程中,道、天、地、人是彼此相生的四根。它们本身就相互通达,可以说彼此不分不别,一而四,四而一,因此宇宙之理为一。

从人出发,我与他者相通,人与天地相合,故可以说心与行即世界。因此,反求自身、静心省思,就能知道天下的各种事理。洞悉了人道,也就能明晓天道。因此,体悟道,在于身心虚寂,玄之又玄。法道而行者要除去那些人为造作,不轻易被欲望、外物所遮蔽。欲望只会膨胀,最终蒙蔽心智,阻隔真知。外在的人为造作只是妄诞,且不断增益,陷入其中是无涯的。因此去彼取此,自虚达到无为——顺应本性,而辅万物之自然,万物自成。如此也就能实现无为而功德自成,也就是筑造真如世界。老子在他处说"塞其兑,闭其门""是以圣人终日行不离辎重。虽有荣观,燕处超然""治大国,若烹小鲜""以无事取天下"等,也皆是此意。

在治平层面,则可以理解为老子强调圣人法道、无为而无不为,进而劝君王行圣人之道,欲聚合天下,须无为,否则王霸不成,反受其害。有道君王治国不必轻易巡狩,便可知天下之事与治国之理,因为天下事理很简单——君王自虚无为,则百姓自富自朴、自化自正,万邦来附,故总无为而治。如果君王治国必欲驰骋车马巡狩天下,只是放纵欲望而已,欲望膨胀,心智受遮蔽,迷于歧途,只能祸乱天下,而自身也反受其殃。

四十八章

为学日益[①],为道日损。

损之又损，以至于无为，无为而无不为。

取天下常以无事②，

及其有事，不足以取天下。

注释

① 学：学习知识、观念。益：增加。

② 取：通“聚”，聚拢、取得。聚焦而有自我，才能取得世界。

评析

老子说：“我”——从事知识的学习总是要每日增益。“吾丧我”——从事对大道的体悟，则要每日减损。不断地减损，直到虚无无为的境界，也就是无我的状态。虚无无为而无我，则没什么事情无法成就。聚焦、取得世界，恒当虚静而无我，如果执我而妄自造作，就不足以见世界。

本章论说人揭示世界的法门以及为学、为道的区别与联系。在老子看来，存在本然虚无、“吾丧我”、“我”等境界与状态，其中“我”又分为：衷心赤诚的为仁者、接受外在道德观念而寄居其中者、以外在观念为装饰的伪诈者等。其中，本然虚无是天然的无我，是本然合道的状态；“吾丧我”是修德的状态，是返回道；而诸“我”状态皆失道。

本章主要论说返回道的“吾丧我”，以及不道的诸“我”状态。当然，其中的关键在于“我”与学的关系：有我，我为学——有我才有学，无我哪来学？“吾丧我”，是玄之又玄、损之又损，绝学无忧。有我而我为学，则有三种：其一，是我衷心赤诚，为明心见性、致良知而学，而非为学而学。其二，是寄居、寄托，只是服从外在观念而已。其三，是我用学来修饰。在有我之下的学不可须臾离开初心、本心。离却此心，则学为智巧所迷，一味求索外在物象观念的光怪陆离，反而迷失其中，离道更加遥远，所学所为只是外在寄托或夸饰罢了。

但总的来说，“我”与外在观念的知识之间是妄中生妄、无尽循环的无涯状态。“我”是分别的起源，有我则有物，进而有其他种种观念与知识。因此，“我”是观念知识的制造者，然后又“假装”自己不知观念，想象后者外在于自身，然后自己去学习它、利用它，这只是陷入无尽的妄诞中罢了，是梦中之梦。

从根本上而言，这些都与世界的筑造相关。虚无无我，是为真如世界，“吾丧我”，则是走向世界、揭示世界。因为只有了然道，才能知晓物，才能真正地“取天下”——认知、把握世界，真切地生活于世界之中。次等是有我、执着于“我”，当然也是一种幻象。而且这种“我”，很容易被外物所反噬，陷于外在的妄诞中。如此，人也就是漂浮的，与真世界相隔。人是漂浮的状态，世界也是浮世，是无根的幻象。这种情况下，学习观念，只是被浮世所染着，也只是为浮世的妄造添砖加瓦而已，是不妙的。因此，本章劝诫世人要减少观念甚至“我”，从而碎浮世，立根、筑造真世界。

当然，这里比较有意思的是：我们已经活在道世界中，是以这个为前提来看到世界以及我们的状态，所以不是要坏灭了这个世界，而是要让世界和谐起来。世界的和谐在于它由人在道上筑造，是以无有相生、阴阳冲和、刚柔相济的方式来造化万物，是要冲和的。而不和谐，是因为人们只看到了有、阳、刚，而不注意、无视乃至压抑了无、阴、柔，所以老子向我们强调后者。他的意思不是说后者才是唯一根本，而是说后者也是根本之一，是基石之一，它们与前者不可偏废。只是人们不注意它们，所以提醒。从这种意义上来说，为道、为学也是一个平衡，不是要用为道去废止为学。

四十九章

圣人无常心①,以百姓心为心。

善者②,吾善之③;不善者④,吾亦善之,德善⑤。

信者,吾信之;不信者,吾亦信之,德信。

圣人在天下歙歙⑥,为天下浑其心,

百姓皆注其耳目⑦,圣人皆孩之⑧。

注释

① 常心：成见,日常观念所铸就的认知。

② 善者：人们认为好的观念。

③ 善之：存而善待之。

④ 不善者：人们认为不好的观念与事物。

⑤ 德善：来自道、"吾丧我"的善。

⑥ 歙：通"翕",闭合。

⑦ 百姓皆注其耳目：百姓的耳目皆入俗念。又解作百姓皆是圣人的耳目。

⑧ 孩之：圣人皆自我归复真朴,也使众人如是,视百姓若婴孩。

评析

老子说：圣人没有成见,以世俗众人所思所想为因循流变。百姓认为好的观念与事情,圣人也依从而善之;百姓认为不好的观念与事情,圣人也善待之。这样可以实现从道而来的自虚的无我无别的至善。百姓认为可信之事,圣人也信任之;百姓认为不值得信的观念,圣人也信任之。这样就能实现来自道——虚无、无别、无我的至信。圣人身处在世界中，总是闭合自己的主观意见，筑造世界时，总是朴化己心。百姓都会用自己的耳目行聪明、智巧之事，圣人则回归孩子般的真朴状态，同时也以此对待世人，使之回归赤子之心。

本章说圣人筑世，善待他者。圣人，即世界的筑造者，每个人都是自己世界的筑造者。好的筑造者总以自虚为根，“吾丧我”，无知无欲，也以此道化天下，即使百姓有智巧聪明，也不介怀，始终坚持道化，不捐弃任何人，使天下同归于道，复归真如朴素。

当然，就其深层意义而言，圣人以道为根，并非以世俗意义上的是非善恶观念为根，他以百姓之心为心，且并不以前定的是非善恶观念来区别他们，甚至可以说，他本身也将天下归还给了百姓。

在先秦诸子中，有几类较大的政治理念，它们都立足于是非观念的树立与判断。道家认为天下本无是非，因此，君王与百姓两相忘，君王不干扰百姓，百姓自在自化，便会大治。儒家认为是非自在，圣人先知先觉，于是他去教化百姓，百姓本身是蒙昧的。墨家认为是非善恶存在，天民皆知之，所以众人的是非即是非，由他们来选贤，再尚同。也正因此，从某种意义而言，道家否定以圣智、仁义治国论，而主张使百姓自主自化。儒家高扬圣智、仁义等，且认为圣人先知先觉，由圣人去启发后知后觉的百姓，于是形成了自上而下的专制。墨家认为天人自有是非，于是形成了自下而上的公选、禅让理念。

相较而言，道家的非智主张、不另立观念的思想确实具有某种超前性，比墨家以及现代民主制更具彻底性。当然，经文的最后一句“圣人皆孩之”，若解作圣人视百姓为婴孩，某种意义上又削弱了相关力度；若理解为圣人自处婴儿之道，无欲无为，以百姓为心、为耳目、为是非，顺应之，则自洽此义。

最后，若再做飞跃式解读，则可对“圣人无常心，以百姓之心为心”作新世界性理解。即指有道之人对世界的洞察不陷入旧式的形而上观念。形而上学认知法认为世界存在既定的形式、外在标准等观念。它包括自上而下、一到多、普遍到特殊、整体到个体的神学和自下而上、多到一、特殊到普遍、个体到整体的实存学。圣人则无既定的外在法则，而以日常生活、凡尘之见为认知法。人在其中，道理不在人之外，随方而是。同时，对世界的体悟也是如此：虽然混沌为常，世界只是一瞬，但珍惜它；而世界的本貌在于万物，因此，万物是世界的主人，自己只是客人；因此，把是非善恶还给众生，而不是一人独裁。

五十章

出生入死①。

生之徒②十有三，死之徒十有三。

人之生动之死地③，亦十有三。

夫何故？以其生生之厚④。

盖闻善摄生⑤者，

陆行不遇兕⑥虎，入军不被⑦甲兵。

兕无所投其角，虎无所措其爪，兵无所容其刃。

夫何故？以其无死地⑧。

注释

① 出生入死：韩非子曰："人始于生而卒于死。始之谓出，卒之谓入。"河上公解作出情欲则生，入情欲则死。

② 生之徒：韩非子认为身体中部分动静属于生，部分动静属于死。河上公解

作在世所为分属生死两类，清静无为为生，多欲妄行为死。

③ 人之生动之死地：韩非子认为人皆生生而动，动有损耗，也置人于死地。河上公解作人的部分求生行为，反而导致死亡。

④ 生生之厚：多欲，生养过重。

⑤ 摄生：养生。

⑥ 兕（sì）：犀牛。

⑦ 被：遭受。

⑧ 死地：多欲、纷争的状态。

评析

老子说：人都要经历一个从出生到死亡的过程。在该过程中，属于益生的行为十有三，走向死亡的行为十有三。人出于益生目的反而导致死亡的行为也十有三。这是什么原因？因为人们对生命的护养过于厚重。听说善于养生的人，在路上行走不会遭遇犀牛老虎，进入军队不会遭受刀剑之伤。犀牛无法用上它的角，老虎无法用上它的爪，兵器无法用上它的刃。这是什么原因？因为圣人没有进入它们的攻击范围。

本章原是论说君王驱使生民进入战场死地，后者中的十分之三将当场死亡，十分之四伤残，只有十分之三能全身而退，并以此反对战争。不过从韩非子开始就将相关内涵转化为论说人在世的养生学、跳脱生死的修仙论。以此出发，人的存在是一个从混沌中分别出来，又回归混沌的过程，就世俗理解，即所谓从出生到死亡。对于人的身体或身心的持存而言，它们的运作既是从混沌中分别出来而确立的原因，也是分别最终瓦解、回归混沌的原因。从此出发而言，人的行为分为益生、促死两类，多欲、求生过重则加速死亡。

善养生者和纵欲者也是以此而不同。无欲为生地，多欲为死地。重生，则离情欲。人无欲无求，自然不会走入他物的势力与攻击范围。只要无欲、不争，就能避开万物之害，可得长生久视。重名利，则入死地。韩非子认为犀牛、老虎、刀枪等都是比喻，即将兕虎之利、甲兵之伤比作人生在世所遇到的各种损耗、伤害。人之所以会受到犀牛、老虎、兵器的伤害，就因多欲而走入了它们的攻击范围，即死地。如为财货，为谋求虎皮兕甲而入深山老林，被爪角所伤；为名利——军功爵位，入军作陷阵之士而死于战场等。除了这些，人生在世，各种情欲陷阱森罗密布，人多欲多争，必招致各种伤害。圣人明晓此理，所以收合精神而贵处静。

当然，更根本而言，则在于洞穿生死，齐一之。命是生死完整的过程。死，只是恐惧生死。恐惧来自无知，不知死是命的一环，若知之，则无恐惧。无恐惧，则无死，亦即出离生死之苦。自出自入，与天地独往来。不过，齐一生死，不是做消极颓废者、悲观主义者，而是珍惜此生。虽然混沌是底，世界是暂驻，人的一生只是过客，寄在世间，但世界已造化，生命已有，则当珍惜它，自然待之。后来杨朱说“生相怜，死相捐”，便也是此义。

五十一章

道生之，德畜[①]之，

物形[②]之，势成之[③]。

是以万物莫不尊道而贵德。

道之尊，德之贵，夫莫之命[④]而常自然。

故道生之，德畜之。

长之育之，亭之毒之，养之覆之。

生而不有，为而不恃，长而不宰[⑤]。

是谓玄德。

注释

① 畜：通“蓄”。积蓄精元而成物。

② 形：有文理可见的状态。

③ 势：各自的位置。有此就有分别，有边界，就在世界中确立自身。河上公解作寒暑之势，即环境。成：全。物周全而可用，即成器。

④ 命：诏令。

⑤ 宰：割弃，主宰。

评析

老子说：道生万物以虚无，德蓄万物以气，物形万物以体，势成万物以位置、边界。因此，万物无不尊崇道而贵重德。道、德的尊贵，无需诏命封爵就恒常自在。道生发万物，德蓄养万物。长其身、育其心，安性定形，并调养而护佑它们。生发万物而不占有，兴育万物而不恃为己能，成就万物而不做主宰。这就是至大至深、隐而不显的德。

本章论说道生养万物，贯穿始终。若以气化论理解，则为：道生气，蓄积气，长气，培育气，最终使气成形而安定，到此形成物。此后道依然饲养、培育、庇护它，总是成就万物而不占有、割弃。当然，若具体言之，道的生养是一个阶段性过程，且它在各个阶段也是随方设教，故显象为道、德、物、势(器)。

形而上言之，道即一，一与多是一体，多为德。一为本源，多为造化、化生，随方演化，万物各有其性命。经文将道的生养作用具体化为“道生之，德畜之”，用意在于突出道德并立，道生德蓄，一潜一显。千万德，皆不相同。具体而言，物，材具不同，形成不同样貌、气度。势，相对而存的隐性边界，呈现了各自相对的外围范畴，以及内在的聚焦点所在，从而确立了个体。既突出了各自位置、相对而立，也突出了环境的作用。器，存在自我的边界，有内外之别，从而确立了个体。即存在一个从一到多、到个体相对确立的过程。

老子强调道即一，也是多。也正因此，它才是至真至大之德。道及其道化，一则生养，二则随方设教，皆不自己，所以才自虚而成就万物，不有不恃不宰，辅万物之自然，也因此为大尊贵。老子也是以此劝诫君王尊道而行，生养百姓而无弃人弃物，即不驱百姓入死地，不使良马生于战场，从而使民尽天年，地尽其力。如此才能实现从道而来的德，那么其尊贵则与道同在，永恒不灭。

五十二章

天下有始，以为天下母①。

既得其母，以知其子，

既知其子，复守其母，没身不殆。

塞其兑②，闭其门，终身不堇③。

开其兑，济其事，终身不救。

见小曰明，守柔曰强。

用其光，复归其明，无遗身殃④，

是为习⑤常。

注释

① 母：道为万物始、万物母，得之可知末。

② 兑(duì)：口，穴。

③ 堇：通“瘽(qín)”，病也。传本作“勤”，也通“瘽”，亦是劳损之义。

④ 殃(yāng)：病患，灾祸。

⑤ 习：通“袭”，因袭，遵从。

评析

老子说：天下万物都有它的开始、来处，即道，道是万物之母。已经知晓道，就可以知晓万物。知晓万物，又复守道，返归虚无、无为，终身不会有祸患。塞住眼睛，不妄视，闭合口齿，不妄言，终身都不会劳疾。开目视情欲，放纵自己的欲念与妄行，终其一生都无法获得救治。能看见未成型的细微之事，可称为明达。能保有柔弱，才是强大。运用目光观看事物时，要回归其原初，照见其微妙之处。这样就能知晓其母，知其将来，不会招来毁身之祸。这才是习法大道。

本章论述了在世的法道之学、修身养性之事。它将道比母，不少人拘泥其中，以为此是定式，实则他处也常说“众甫(父)”“教父”，皆指万物源头。当然，综观全经，以母为喻更为常见。究其原因，则与道以及当时的社会现实有关。道本虚无，不显其功，在物象中也体现为阴阳中和。而当时社会为父权社会，母是柔弱一方，且对外而言也是无名者，如子女有成，多称父养之功，母是隐性的(这些与一般所谓的母系氏族社会等无关)。且世人多偏于阳以及相应的雄节、刚强等，故老子损之而偏言阴、雌、柔弱。同时，虽可以将道物比于母子，但要注意两者之“生”并不相同。道的“生”是化生、生发。道生万物，非道与物独立两存，是道在物中，道即万物，也是每一物，它们是同而别，别而一的关系。母之“生”是胎生、孕产。母生子，母子同在，有分别，非一体。

当然，本章的主要内涵是指道生万物，因其自虚、无为，人也应不被物象外欲所惑，当自虚自损以归道，知道则真明万物，不被所惑所制，才能长生久视。所谓修如母之德，袭常可不殆，失道则亡，即指法道自虚，行利物无为之德，则物尊贵之，没身不殆；若与物争利，则失德，虽有封爵，亦有身殃。即袭常——自虚见微守弱，不好大恃强，才能不殆。

五十三章

使我介然有知①，行于大道，唯施②是畏。

大道甚夷，而民好径③。

朝甚除④，田甚芜，仓甚虚；

服文彩，带利剑，厌⑤饮食，财货有余；

是为盗夸⑥。非道也哉！

注释

① 使：假使，假令。介然有知：河上公注“介”为大、“知”为管理，指居大位能执掌政事。陈鼓应注“介”为小、“知”为知晓，指稍微有些认知。

② 施：读为“迤”，指歧路、邪路。

③ 径：小而巧便之路，与大道相对。

④ 朝甚除：河上公、王弼注“朝”为殿台宫室，“除”为修整整洁。又韩非子解作“狱讼繁也”。陈鼓应注为朝廷非常腐败。

⑤ 厌：餍，饱食。

⑥ 盗夸：河上公注为君王征收捐赋有余，以致百姓不足，又自服文彩、厌美食，就如同大盗窃抢他人之物，持而夸耀于路人。

评析

老子说：假使我居于大位而执政，自然端行于正大光明之道，畏惧远离邪路。大道非常平坦广阔，人们却喜好走看似巧便的小路。现在宫台楼阁修葺得很完备，但田园荒芜，粮仓空虚，君王自己穿着巧夺天工的美服，身佩锻造千日的宝剑，饱食着山海奇珍，家中的财物满溢于屋外，这就如同盗贼抢掠了百姓，又夸耀于人前。这是多么地无耻、多么地违背大道！

本章思想也非常深刻，力透纸背。老子说假使我做领导，带领对道有知之人生活，将行于平坦的大道，警惕邪道。这里的“道”乃双关语，指形而下的路，也指形而上的道。

针对普通人而言，则指即使吾等小民对大道仅略有所知，也已被其深深震撼，勤勉为之，一丝不苟，并以此对照世人的种种非道之行。世人不知道，失去真吾，不修内在，外求于物与观念。人贪于外物，即为贼心。贪而夸耀，求取虚名，则是伪中生伪，妄中求妄，是大迷糊、大盗贼。文中的田仓比内在本真，美服奢殿比外欲，狱讼利剑则为巧取豪夺，是纷争。人舍弃田仓等内在，外求美服奢殿等外在，且贪得无厌，以狱讼利剑等方式巧取豪夺，背后则是无尽的纷争。人争于外，则为贼，又夸耀，则是无耻，妄中生妄，不得其死。活着的时候就失去自我，为尸行，到死的时候也不悟，终究以非人的状态死去，从来都没有做过人，不知何为人。可悲之至！

针对在高位谋国者而言，则揭露、谴责非道者的无耻嘴脸。“盗夸”之事，令人发指。同时，强调在位者为民率，君王好智，百姓自然好巧便之道，上下智巧生，而家国乱。言外之意是指君王行盗乃率民为非，故民之非道，皆因君王行盗所致。

五十四章

善建者不拔[①]，

善抱者不脱[②]，

子孙以祭祀不辍[③]。

修之于身，其德乃真；

修之于家，其德乃余；

修之于乡，其德乃长；

修之于国，其德乃丰；

修之于天下，其德乃普[④]。

故以身观[⑤]身，以家观家，

以乡观乡，以国观国，以天下观天下。

吾何以知天下然哉？以此。

注释

① 善建者不拔：善，至善，道。以道建立精气，不可拔除。

② 善抱者不脱：以道抱精神，则不会脱离其道。

③ 祭祀不辍：传道于后世，子孙修其道，可生生不息。

④ 普：周普。

⑤ 观：对照，察看。

评析

老子说：以大道建设立事，则不会败坏；以大道怀抱事物，则不会脱落；

传此于后世，则子孙生生不息，不会有祸患。修道于身，其德醇厚、永固；修道于家，其德有余庆，荫庇子孙；修道于乡，乡人善其德，其德也更加盛大；修道于国，国人善其德，其德丰沛；修道于天下，无人不善其德，其德就会周普、无处不在。因此，以真德之身对照自己现有之身与他身（众身），以余德之家对照现有各家，以长德之乡对照现有各乡，以丰德之邦来对照现有诸国，以博德之天下来对照整个现实天下（就可知现在各自局面）。我何以知晓天下的状态及其未来？就是以此。

本章总论道纪，即以道修身、齐家、治国、平天下，并对现实情况予以批判。世界是身家、乡国、天下，它们各自皆为世界，都是聚焦所在，同时也一同构造了世界。因此，世界即一，又是多；既是我然，又是众生。而所谓善，即照见世界的本来面目，依道而行。当人以道行事时，可得恒常久固。因为以道修于身家、乡国、天下，才能照见、筑造真如的身家、乡国、天下。也唯有如此，才能觉今是而昨非，照鉴出之前的种种妄诞，才能破妄而归真。这也才是以道观照己身与世界，破妄而归真、建真。

五十五章

含德[①]之厚，比于赤子[②]。

蜂虿虺蛇不螫[③]，猛兽不据，攫鸟不搏。

骨弱筋柔而握固。未知牝牡之合而全作[④]，精之至也。

终日号而不嗄[⑤]，和之至也[⑥]。

和曰常[⑦]，知常曰明，

益生曰祥[⑧]，心使气曰强[⑨]。

物壮则老[⑩]，谓之不道，不道早已[⑪]。

注释

① 含德：德在内，非外在造作。

② 赤子：刚出生的婴儿。

③ 虿(chài)：蝎类毒虫。虺(huǐ)：蝮蛇等毒蛇。螫(shì)：蛇虫刺咬。

④ 牡(mǔ)：雄性。全作："全""朘"是同音字，指阳勃。

⑤ 号：哭号。嗄(shà)：嗓音沙哑。

⑥ 和：调和，冲和。至：致也，所致、致使。

⑦ 和曰常：此"和"指万物常态；常，万物本然状态与规律。和则得常，知晓常道可称为明达。

⑧ 益生曰祥：生通"性"。增益其性，顺性而为者，可得周全平顺。又王弼注："生不可益，益之则夭也。"解"祥"为夭，为不祥，指增益情欲则不祥。

⑨ 心使气曰强：人有心智，用之使动精气，调和阴阳，养气而全性，可谓强。又解作：心本应无欲无为，若使气，则是起了情欲，将使人刚强、勉强。

⑩ 老：衰朽。

⑪ 已：停止。

评析

老子说：法道以德修身且深厚者，可以婴儿作比。毒虫毒蛇不会螫咬他，走兽飞禽不会搏击他。婴儿筋骨柔弱，但抓握有力，可以把握刚硬之物。未知交媾之事而阳具勃起，是精气满溢所致。终日哭号，声音不哑，是调和的结果。和是恒常的本然状态，知晓和，可称为明晓物性事理。增益其性、顺性而为，可周全平顺。人有心智，用之动精气、和阴阳、养气而全性，可谓强。不知调和，一味蓄精积气，以致去柔废和而逞壮，必衰朽，即所谓背道之行。不合于道的行为，要及早停止。

本章论说养生、修身之道。指出法道而以德修身且坚定者，可以婴儿作比。大道精元至，则柔弱可承载刚强，如此将阴阳冲和，不偏不倚，不会偏于一端而刚灭。

首先，强调自虚柔弱、清静不争。婴儿不便行走，更不与物争利，故不会侵入其他事物的领地。在自然界中，毒蜂、毒蛇等多攻击走动且使其感到危险之物；飞鸟走兽也多只在人类威胁其巢穴与领地时，方击之。人若不入其领地，又无敌意，动物概不袭击。这里其实也是比喻，即前几章经文所说的守道者自求而不外求，无多欲，故不会为求虎皮兕甲、军功爵禄而进入虎兕刀枪的杀伤领域，也因此不会受到后者的攻击。

其次，强调阴阳冲和，守中，不偏极一端。指出婴儿未知交媾之事而阳具勃起，是精气满溢所致，终日哭号而身体不伤，是调和的结果。言外之意，指精满则泄，气多则吐，无关乎欲念，乃自然调和之事，是自然之理。并以此指明，通晓和，则是明达，行之，则可恒久。与之相反，则是“物壮则老”。所谓壮，即相对柔弱与和而言，指物不知调和，一味蓄精积气，以致去柔弱、废平和而逞壮，如此则是偏极一端，必然衰朽。老子用意在于劝诫君王明晓自己已身处至高至贵，已是壮盛之人，当返弱冲和，如果一味逞强，只会很快衰败。希望君王以此观照自身，如有不道之行，就要及早停止。

部分解读者将“益生”“心使气”等全部作为反面解读，基本原因是不明白“道动”除了包含本然虚无之外，还有自虚。自虚即自损，为无为，它内含人可知性、可明道而顺之之义。前人过于强调本然虚无，又受庄学浸染，以致认为人的知也是为，为则是无为的对立面，从而把一切“益”与“使”都视作背道的造作。只能说这是把本然虚无发挥到极致的结果，然而过犹不及。

五十六章

知者不言[①],言者不知。

塞其兑[②],闭其门[③],

挫其锐,解其分[④],

和其光,同其尘,

是谓玄同[⑤]。

故不可得而亲,不可得而疏;

不可得而利,不可得而害;

不可得而贵,不可得而贱。

故为天下贵。

注释

① 知者:智慧的人。不言:不贵言,不多言。

② 兑:情欲的孔穴。

③ 门:行欲的门径。

④ 解其分:河上公、王弼解作坚守其质,去情欲而解忿争。

⑤ 玄同:玄,自虚、静默。又河上公解"玄"为天,指人能行和光同尘之法,则与天同道。

评析

老子说:智慧的人不贵言、不好辩,多言好辩的人不会有智慧。应当塞住自己欲望的孔穴,关闭纵欲的门径;挫损自己的锋芒,解除各种区分与争斗；冲和自己的认知，收敛自己的光耀，混同于平凡的尘世。如此则自虚、清静地和同于道。因此，世人不能亲而近之，亦不能疏而远之；不能使他受益，也不能使他受害；不能使他变得更加尊贵，也不能使他变得低贱。因此是天下的至贵存在。

本章讲述个人修德于尘世的法门。智慧之人体悟大道，知虚无是本真，故自虚无欲、守弱处下，和光同尘，混同于世。且特别指出不言、希言，以及混同身体的重要性。

修道者不贵惊人之语、服众之辩，不以此彰显自己。究其深层原因，是因言语为有声、为分别，语言更是相对于道而独立的世界。它们皆是人脱离大道——自虚、清静的重要阶段之一，人也是因它们而分别我与道，从而拔脱于大道。唯有不言、不发声，才能保有自虚、无为，从而合乎道，以此方式让万物自是自化，而世界丰富多彩。

同时，修道者也不执迷于明锐的身体分别力。人自我脱道以及对世界分别的立足点就在于身体的确立，尤其是七窍五觉的分别。目视、耳听、鼻嗅、口尝、体触，五官自我分别则有五觉，五觉分别众物而有物象世界。因而有是非荣辱，悲喜生死。人执着之，则陷入其中不可自拔。“名亦既有，夫亦将知止”，在一定程度上，混同身体，则无过度分别，则无荣辱，也因此独立自在逍遥，不受尘世的荣辱观念左右，自然不受相应的利害牵制。如同宋荣子，举世誉之不加劝，举世非之不加沮。

当然，就其根本处而言，自虚，以此为通道、边界、分别而使万物自成，但不分别自我、不标榜自我。自虚无我，而万物自然。这样的人与天地和同，即同道同德，故为天下的至尊至贵。这种尊贵不需要俗世社会的加爵，它与后者分属不同世界，一个是天然自在、真实、永恒，一个是人为造作、妄诞、短暂。

对应于君王治国，则是劝诫君王修德于家邦。指君王身处尊位，但自虚无为、守弱处下，以此和同于道，从而让百姓休养生息，自富自化。世人因其自虚无为，故不能亲而近之，又因其身处尊位，亦不能疏而远之；同理，不能使他受益或受害、变得更加尊贵或低贱，也正因此，他永不被厌弃，永被奉为君，保有至高至贵的尊位。

五十七章

以正之国①，以畸用兵②，以无事取天下③。

吾何以知其然哉？以此。

天下多忌讳，而民弥贫；

民多利器④，国家滋昏；

人多伎巧⑤，奇物滋起；

法令⑥滋彰，盗贼多有。

故圣人云：

我无为而民自化，我好静⑦而民自正，

我无事而民自富，我无欲而民自朴。

注释

① 以：至。正：正道。之：马王堆帛书本《老子》如是，传本作“治”。

② 以畸用兵：畸，帛本如是，传本作“奇”。两者可通，指畸道、畸形、畸态。又解作“诈”，指以阴谋狡诈之术行军用兵。

③ 无事：对内无搅扰百姓之事，对外无战事。取：聚合，取得。

④ 利器：兵器利刃。又解作利己权谋。

⑤ 伎巧：奇巧，智巧。

⑥ 法令：礼法号令。

⑦ 好静：不言不教。

评析

老子说：正道之国，以畸态看待征伐战争，以无事的方式聚合天下。我何以知道是这样的？凭借下面的事理：天下设置过多的忌讳，则百姓多惧而不敢行事，日益穷困；让兵器散于民间，百姓好勇斗狠，则国益乱；人们看重奇技淫巧，伪邪的事物就会不断发生；法令越烦琐严酷，盗贼反而日益增加。因此圣人说：我无为不造作，百姓会自我化成；我不言不教，百姓会自然地行于正途；我不兴徭役征召，百姓自然会富足；我去除美文华服等欲念，百姓会自归淳朴。

本章论说正道之国甚少用兵，总是以无为、和平的方式聚合天下。关于开头一句的文字，不同版本之间有差异。或作“以正之邦，以畸用兵”，或作“以正治国，以奇用兵”。实际上，在世界中，大道本来就是正道。在正道之中，没有正奇之变，只有清静、正直为根。天下是神器，不可以智巧强力求取，而兵者更是杀人害生不祥之器，并非日常行走之道，不可引以为日常而久居。因此，有道君王治平邦国天下，行以母德，生而不有，养而不宰，至正之邦总是以非正常、非日常事物看待战争，甚少用兵，以无事的方式聚合天下。因为唯有君王无为无事，百姓才会自我富足、淳化，而他国也会来归附。

不过，后世许多解读者在面对本章文字时，总是基于所谓阴阳辩证而给予正奇对等地位，或者至少给奇一点位置。尤其在受兵道诡谲思想的影响后，此风更甚。他们对正奇进行了对应梳理，认为可以分别两者，然后各适其适，指“以正治国，以奇用兵”是强调取天下、治理邦国要行正道，而用兵征伐则用奇道。但即使如此，也是说治国与用兵不同，不可以用兵的方式来治国。

智巧、法令可以用于征伐,但为一时之需,一时之急,不可视作常道。

总的来说,本章普遍性的解读是将“我”理解为圣人,对应君王,全文劝诫君王以道无为的方式治国,让百姓自富自化。主要讲述正道治国,对非道的做法进行了批判。“天下多忌讳,而民弥贫”,这个贫困不仅仅是物质性的,也可以是精神性的。君王多行各种法令忌讳,百姓无法自主生产,物资便匮乏。同时,君王树立各种观念,引导是非荣辱,人们也就不再自主思考,于是不仅思想内容受到限制,连思想活动本身也会变得麻木,百姓成为木偶人,就会有思想的贫困,心灵死却,离道自然遥远。老子希望人们对道有体贴,在体认之后与之融为一体,并不是让人不思考,甚至愚蠢。

“民多利器,国家滋昏”,这个利器可以是锐利的兵器——打仗而发兵器于民间,百姓好勇斗狠而混乱,也可以指各种是非荣辱观念——君王树立它们,于是人们运用这些观念而斗争而混乱。之后的“盗贼”也有多层内涵。盗,偷取、豪夺,而贼,贼心也。即指人们因此造作各种非道之心,利用这些外在观念装饰自己以牟利。最终结果就是人心、社会都越来越混乱,不可救治。

当然,我们若离开狭隘的治国论范畴,对此章内涵再做飞跃性解读,则“我”可以是圣人,外在于百姓的主导者,也可以是内在于百姓个体自身的主导者,即百姓的本心、欲求与观念等。“我”是人,人人皆可为圣人。也只有当人成为圣人——自求自省而自虚,无为无事,不妄造观念,也不受制于这些妄诞时,才能“取天下”——领悟、把握、持存于本然真如世界。

五十八章

其政闵闵[①],其邦淳淳[②];

其政察察[③],其邦缺缺[④]。

祸[5]兮，福[6]之所倚，

福兮，祸之所伏。

孰知其极[7]？

其无正[8]，正复为奇[9]，善复为妖[10]。

人之迷[11]，其日固久。

是以方而不割[12]，廉而不刿[13]，

直而不肆[14]，光而不耀[15]。

注释

① 政：政治，法律政令。闵闵：马王堆帛书本《老子》如是，传本作“闷闷”，皆为混沌不清、宽松之义。

② 邦：帛本如是，传本作“民”。国家，偏指国家财富。淳淳：淳朴，同时指人民众多、财货丰厚。

③ 察察：法令严苛，审查烦琐。

④ 缺缺：匮乏，指国家财物稀缺。又河上公注为百姓惊悚、困薄。王弼注为民怀争竞。

⑤ 祸：指上文的“其政闵闵”。政治宽松，法令不设，看似大祸。

⑥ 福：指上文的“其邦淳淳”。国家朴实财物丰厚，可谓福。又韩非子解作福祸变化消长，河上公继之。

⑦ 极：准则，根本原因。又解作穷尽处。

⑧ 其：代指政。正：大道。指其治未行于大道。又王弼注为福祸之变没有定处吗？

⑨ 正复为奇：正途也会变为歧途。

⑩ 善复为妖：美好的局面也会发展为不好的结局。又河上公注为人君不正

不善，百姓因此变邪变妖。王弼注为以正治国辅以奇道之兵，善政要辅以曲折之事。

⑪ 人之迷：人，邦国上下所有人。迷：迷途。以迷途失路比施政迷失大道而入歧途，上下受其害。又王弼解作世人迷失固久，不可直接用善治来责求，需要曲则全。

⑫ 是以：因此。方：方边有角者。割：割舍，绝弃。阻断邦国混乱与盗贼多有之事。

⑬ 廉：棱，利器。刿(guì)：刺，切，指杀伤盗贼，平息动乱。

⑭ 直：公正、正直。道路(礼法、政策)看似可直行。肆：肆直、肆通，指正直、平顺、通达。

⑮ 光：高光，荣光。耀：照耀，明亮。

评析

老子说：国家政教宽大，社会淳厚而富足；国家法令巨细严苛，社会狡黠而贫困。祸——政教宽松不设，福——富足淳厚的国家社会倚其而生；福——法令巨细分明，祸——国家社会衰退却潜伏其中。谁知道它的根本原因？因为其政不合于大道，原本的正途也会变为歧路，本是美好的局面也会变得糟糕。人们迷失大道而入歧途，时日已久。因此总是方正有角，看似锐利，却割不断邦国的混乱；武器看似锋利，却杀伤不了盗贼；道路、政策看似公正正直如绳，却不平顺通达；荣光看似无限，但刺眼而不可视，不能照亮前路。

本章论说治国应走大道、正道，不可走奇巧之路。大道为根，正、奇两者的地位并不平等。正为根，是决定性的，奇只是畸变，是非常，而它之所以发生，是因为正道没有被贯彻始终。即正道是防止畸变的根本因素，也是后者的归定处。将此理落定于具体的福祸现象：国家法令混沌不设，却财富丰厚、社会淳厚；法令巨细严苛，却财物匮乏、社会混乱。法令混沌，看似祸患，国力丰厚之福却倚其而生；法令巨细分明，看似大福，但国力衰退之祸却潜伏其中。老子设问其原因，继而自答：合乎大道，则得善果，不合于大道，即使能苟且于一时，但终难长久，必然失败。又指出，当下，人们迷失大道而入歧途的时日已久，因此虽看似福祥，却常处在祸患之中，即邦国、社会、人民的心性言行都处于畸形状态。老子曰“我无事而民自富”“天下多忌讳，而民弥贫”，可为此注脚。

后来，韩非子、河上公、王弼等人对此章含义也做了诸多转化。如解读其主旨为大道之下，正奇之变无定处。即在大道之下，万物的存在处于正反一体的状态中，相反相成，其发展也是物极必反。整个主题的解读发生转向。同时，河上公在“是以”处加入“圣人”二字，使之后的文字所指全然转化为有道之法。王弼则更进一步，直接将其义发展为行政的正道便是“曲则全”。

王弼认为：祸事是福的因循之处，福是祸事潜藏的地方。福祸更生，谁知道它们穷尽的地方？它们没有定处吗？的确无定处，只有冲和为之。以正道治国还要辅助以奇道之兵，直接施行善政，反而有走入歧途的祸患。因此，引导百姓不是以此道割弃百姓，须曲折为之。以清廉之道化民，非以此道害民，须以曲身而全身之法化之。以正直化物，不以此割事物，须随方设教。以独见之光鉴百姓之谜，而不以此凸显迷者的浅陋，须化民于无形。

这种解读的确有新意。以此来看，圣人以道从事，观照到了物性事理，故从不以一面一极为之，而是从整体性、发展性的角度去看。圣人也是以此去化民利民，救治迷路的众生，而不是去贬斥、割弃他们。针对物的正反特点以及众人的迷妄，圣人注重长远恒久的效果，而不是去求一时的急效，常常以曲为直，用舒缓甚至润物无声的方式为之。至于具体方法，则因事而异，没有固化、细化的定论。

不过，这种解读总体上在否定了正道的根本性之后，一直处于所谓正奇的对等变化和参用之中，没有定处。在我看来，也只是狡黠的更高级修饰与伪装而已，没有了朴素、淳厚。正如世人多认为“塞翁失马，焉知非福”的主旨是在强调福祸转变无定处，其实不然。在这则故事中，虽福祸在转，但塞翁一直走正道，因此虽身处病乱之世，如不系之舟，但最终仍取得了相对而言的善果。

五十九章

治人事天①，莫若啬②。
夫唯啬，是谓早服③；
早服谓之重积德④；
重积德则无不克，
无不克则莫知其极⑤；
莫知其极，可以有国；
有国之母⑥，可以长久；
是谓深根固柢，长生久视之道。

注释

① 治人：修治身心与治理百姓。事天：奉行天道。

② 啬(sè)：河上公注：“爱惜也。”谓君王爱惜精神，毋劳民。

③ 服：得也。得天道。

④ 重积德：河上公注：“先得天道，是谓重积德于己也。”

⑤ 极：尽。修身、齐家、治国、平天下没有尽处。

⑥ 母：道。

评析

老子说：修身与治理人群当尊奉天道，且没有比得上吝惜、内收精神的了。内收精神，不外放情欲，可以称得上及早得道。及早得道，可谓重厚积累德性德行。重厚积德，则没有不能克胜的。修身、齐家无不克胜，则无法知道他的德行尽处。德行没有尽处，则可以居大位、有社稷。知晓、实行治国的大道，则可以长久。这就是能以道修身，收心养气，巩固根本而不被拔脱，是使人能长生，国能久治的根本方法。

本章将修身与治国作一体而论。强调法道在于自虚而吝惜精神，少私寡欲，不费不劳。巩固此根，则可有身有国，且长生久视。若进一步而言，国可理解为身外，亦即连接世界的环节，法道持有，由内而外，获真如身，又以此扩展到身外，从而筑造真如世界。

当然，落定到具体的世俗意义上的治国层面，则是在论说以道治国者的当行之策。指出在上位者以道治国，要自虚无为，不可搅扰百姓的自富自化。君王过度设置忌讳、利器、智巧、法物等，皆是失道之行，将导致社会糜烂，邦国难以治理。唯有君主自虚无为，才能克服民贫邦昏、奇物滋起、盗贼多有等各种乱象。总之，在位治国者应崇尚根本，以法道如母之德治国，如此可长久保有社稷。

六十章

治大国[①]，若烹小鲜。

以道莅[②]天下，其鬼不神[③]；

非其鬼不神，其神不伤人；

非其神不伤人，圣人亦不伤人。

夫两不相伤[④]，故德交归焉[⑤]。

注释

① 大国：存在、域。从内化处，指身心。对于人而言，身心为大，谁能小之。从外化处言，也指大的邦国。

② 莅：身临，居位，治理。

③ 鬼：鬼怪，灾难，不顺，非常。神：伸张，显灵，灵验。

④ 两：鬼与人。鬼得治于阴，人得治于阳，相和谐，不相伤害。

⑤ 交：冲和。焉：此地，世界。

评析

老子说：治理存在、身域，如煮小鱼，温火而好静无为。以自虚无为的方式身临尸位于世界，则非常的鬼怪、不顺等不会显灵。不是鬼怪、不顺等不会出现、发生，而是它们的作用无法彰显、确立，无法对此在形成实有的影响。不是显灵不能伤害人，而是有道者使其不能对此在造成伤害，同时自己也不伤害此在。不仅鬼神、不顺不伤害此在，有道者自身修行也不伤害此在。鬼神与修道者都不伤害此在，阴阳之德交合，归于冲和，便降临在世界。

本章论说治未病。从个人的角度而言，生活、人生中的“不顺”总是随处而见，但有道之人能很好地面对它们，将其作为自然，不使其对自身产生负面的影响。不顺让自己沉沦，才是灾难，不让自己沉沦，又哪里有灾难呢，甚至哪里有不顺呢？

治理邦国也是如此，“不顺”总是时有发生。如尧舜禹时代也有洪水滔天、十日并出，但关键是这些现象皆可以被处理，不让它们产生实质性的灾难影响。这里体现了老子对德与鬼神关系的看法。《左传·僖公五年》载：“(虞)公曰：‘吾享祀丰絜，神必据我。’(宫之奇)对曰：‘臣闻之，鬼神非人实亲，惟德是依。故《周书》曰‘皇天无亲，惟德是辅’，又曰‘黍稷非馨，明德惟馨’，又曰‘民不易物，惟德繄物’。如是，则非德，民不和，神不享矣。神所冯依，将在德矣。’”老子的基本理念也是鬼神“惟德是依”。同时，在面对天灾问题时，指出君王以道治国，治之于未有，天灾不会“产生”，一则无从产生，二则即使发生，也不会造成影响，没有影响，即没有实质性的产生，亦即无灾害。

这里可以联系梁惠王对孟子所言救灾之论，对此作进一步理解。梁惠王曾言，国有灾，则移民移粟，赈灾救灾，使百姓免于灾害。这反映了君王对天灾的抵御，使灾害不能对百姓造成伤害。梁惠王问自己如此用心赈灾救灾而人民不加多、邻国之民不加少的原因，孟子答之以五十步笑百步，即谓梁惠王人祸甚多，利农爱民的德政还未实现(《孟子·梁惠王上》)。老子此句含义类似。

最后，老子指出，只要君王真正以道治国，则无天灾人祸，百姓自然来归。即治人事天皆完满，大治也。以道治国平天下，自虚无为，阴阳和合，则天人相通，可实现至德，即形成清平世界。得道者不仅人助之，天也将助之，即“天道无亲，常与善人”。也是以此指明，唯有得道者才能实现全然的天人合一。

六十一章

大国者下流①，天下之牝②。

天下之交③，牝常以静胜牡④，以静为下。

故大国以下小国，则取[5]小国；

小国以下大国，则取大国。

故或下以取，或下而取。

大国不过欲兼畜人，

小国不过欲入事人[6]。

夫两者各得其所欲，大者宜为下。

注释

① 下流：下游。沧海以善下为百谷王。

② 牝：雌性。

③ 天下之交：天下所交会。

④ 胜：承载。牡：雄性。

⑤ 取：聚合。

⑥ 事：侍奉。小国皆事大而存。

评析

老子说：大国应是江河的下游、天下的阴雌。天下万物的交合，阴雌总是以静态来背负、承载雄牡。因为它是静态的，所以也当处下位。大国好静处下，可聚合小国；小国好静处下，则聚合于大国。因此有的以处下实现聚合，有的以处下获得接纳。大国不过想兼而蓄养小国，小国不过想依附大国。大家要实现各自的意愿，大国当好静处下。

本章主要论说道好静无为，也具体体现在柔弱处下方面。“天下之交，牝常以静胜牡”内含天地物理和社会规律。它既可指雌雄交媾，雌静而待雄来交合，也可指天下山川形势，江海恒静，山岳交而归之，如同江海背负乃至贯穿山岳。

在修德于天下层面，大国小国相交，皆应柔弱处下。大国为天下的下流、交汇处、至大的雌体。历史上，大国知其雄，守其雌，谦下聚合小国，而小国皆“事大”而存。大国的目的不过是交平天下，小国的希求也只是侍奉大国保存自己，只要两者各自守柔处下，皆可得其所欲，天下自平。

汉代以后的中国，即处于天下体系内王朝与四夷藩属等小国的关系中。推而广之，“二战”以后的世界格局以及当今全球化背景下的诸国关系，也有类似之处。其间中国的小大之辩虽因时而异，但和平共处皆是基本希求。总之，大国有大国主义，小国有小国的生存之道，这些思想在今天同样具有现实意义。

六十二章

道者，万物之奥[①]。

善人之宝，不善人之所保。

美言可以市[②]，尊行可以加人[③]。

人之不善，何弃之有？

故立天子，置三公，

虽有拱璧以先驷马[④]，不如坐进此道[⑤]。

古之所以贵此道者何？

不曰以求得有罪以免邪[⑥]？

故为天下贵。

注释

① 奥：澳也，聚水之处。道居下流，聚百谷为王。又河上公注为“藏”，指无所不包容。王弼注为“暧”，荫庇之义。

② 美言可以市：河上公注为美好的言辞可以增善交易。

③ 尊行可以加人：河上公注为可贵的行为可以别于凡人，见尊于人。

④ 拱璧以先驷马：古天子新立，诸侯来朝，敬献宝物，先轻物，后重器。实质为先者贵。怀抱之璧贵于宝车，故先。

⑤ 不如坐进此道：天子拙宝物而取大道。“不贵难得之货”也是此意。

⑥ 有罪以免邪：罪，过失。河上公注为有道者即使身处乱世，面临森罗密布的各种死地，仍能免除祸患。

评析

老子说：道，是万物的归注处与至大荫庇。它是善人修己救人的宝具，不善人也是被其所救助而得以保全。以道为美，从之立言辞，可以增益与人的交往交易。以道为尊，从之行事，可见重于人。若人已经陷入不善，又有什么理由舍弃它呢？因此，立位天子，设置三公，即使有以美玉覆盖的宝车，也不如坐到大道中来。古圣人之所以贵重此道，是什么原因？不就是希求以此可以避免过失，在乱世中免除无妄之灾吗？道因此被天下人所尊崇。

本章指道为一切归处，可聚集万物，同时护佑万物，人当遵从之，尊美大道而言行之，才可以持存发展。即使贵为天子三公，拥有天下至大至多的权势财富，也少不得此道。更何况现在的人本身具有各种问题，又身处于乱世呢？

人本有各种不善，可以指人相对于道而言有形有象，代表着固有的生老病死的局限，以及无时无刻不暴露在物象信息中，容易因自身的七窍之欲而丧失自我，陷于外物的虚妄之中。乱世，既可指时局之乱，也可以指人世失道很久，眼前身处之地只是浮世，是物欲横流、各种观念信息构筑的妄境。我们久困其中，因此唯有明道尊道，才能跳出五行外，不在三界中，才能洞明真吾，逍遥自在。

从治国的角度看，本章则论说君王新立，当不贵奇物，而尊道修德。道是善于治国者的法宝，可以增加人口，壮大邦国，也是不善于治国者所应保有之物，可以保有家国。正像古时天子新立，三公新置，四方诸侯来献珍宝，天子皆挫其奇物而取大道。他们之所以如此，正是因为大道可以避免过失，这也正是它在天下宝物中为至贵者的原因。现在人主治国不善，更没有什么理由舍弃它。

六十三章

为无为①，事无事②，味无味③。

大小多少④，报怨以德⑤。

图⑥难于其易，为大于其细；

天下难事必作于易，天下大事必作于细。

是以圣人终不为大⑦，故能成其大。

夫轻诺必寡信，多易必多难。

是以圣人犹难之，故终无难矣。

注释

① 为：行。无为：无事无执。因循自然，无所造作。

② 事无事：指无为的具体内容，不设忌讳之礼法，不好难得奇物。

③ 味无味：王弼注："以不言为教，以恬淡为味。"

④ 大小多少：大者，以小成之，多者，以少积之。即以小成大、以少积多。

⑤ 报怨以德：回应民怨以德行。又王弼注："小怨则不足以报，大怨则天下之所欲诛，顺天下之所同者，德也。"行道无不宜，大怨小怨皆以修道行善应之。

⑥ 图：谋求。

⑦ 终不为大：始终不勉强做大，始终不自以为大。

评析

老子说：行道无为，做事不设备造作，饮食视听以恬淡为味。不论大小、多少，皆以德行。始终从细小处做起，以小成大，以少积多，坚持以德行回应怨念与批评。谋求实现难事，要从易处做起；做大事，要从小处开始。天下的难事都完成于易事，天下的大事都完成于小处。因此，圣人始终不强行做大，而能成就大事业、大功德。正如轻诺者必希兑现，众多易事组合，轻视事情，也就成为难事与祸患。圣人也是以难事慎重地看待和处理它们，所以最终也就没有积累起来的难事与祸患了。

本章论说以易解难、以小为大的道理。善士法道，则无我，进而无为、无事、无味。这是自修、自持、自渡之道。同时人在尘世，还要面对他者，善士不是自了汉，还是要弘道，渡人于苦海。渡人有两种层次，你在修道的阶段中，尚具有我之见，则讲求以德报怨。人虽搅扰清修，仍以德行回应之。总是以德音传渡怨世，更不必说俗世、尘世了。当然，人本无心无尘，无可搅扰，因此本来无怨无德是最高境界。根本上，也是以此观照世界。

同时，指出尊道而行无为之德是大难之事，行道不是从宏大处浮说，而是自求而外化，以小行大，以少为多，慎言克行，贯彻始终，积微成势，渗透于世界。如此才成就其大德、澄明世界。也唯有如此，才无大难，无祸患。凡外求，口言宏大者，多与道相悖，其咎不远。总之，行道贵在闻道立行，由自身细小处做起，不流于空言，不乐于宏论。

六十四章

其安易持[①]，

其未兆易谋[②]。

其脆易泮[③]，

其微易散。

为之于未有，治之于未乱。

合抱之木，生于毫末；

九层之台，起于累[④]土；

千里之行，始于足下[⑤]。

为者败之，执者失之。

是以圣人无为，故无败，

无执，故无失。

人之从事[⑥]，常于几成而败之[⑦]。

慎终如始，则无败事。

是以圣人欲不欲[8]，不贵难得之货；

学不学[9]，复众人之所过[10]。

以辅万物之自然，而不敢为。

注释

① 安：安定，安静。持：持守自身。

② 兆：成形显现。谋：谋虑而取。

③ 脆：脆弱。泮：拌散。

④ 累：通“虆”，土筐。

⑤ 足下：双脚间的一步。

⑥ 人之从事：人，马王堆帛书本《老子》如是，传本作“民”。人们在做事时。

⑦ 几：靠近，接近。成：成功。

⑧ 欲：思。不欲：人所不欲，孤寡不谷，此指细小。

⑨ 学不学：学人所不学，法道而自虚无为、守弱处下。

⑩ 复：免除。过：过失。圣人为道，故免于一般人的过失。河上公注“复”为返回，“过”为过度。圣人能返本，回返众人所过度的欲望与行为。

评析

老子说：修持者在内心安定时，易于持守自身的言行。在情欲未呈现时，易于谋求停止。在情欲未见于形色时，易于使之浇灭。在情欲还比较微小时，易于使之消解。大作为就是修为于情欲还未萌生时，高妙的治理就是行于祸乱还未形成时。就像双手才能围抱的大树生长于毫苗，九层的高台堆垒自筐土，千里的旅行开始于双脚下的一步。强行造作者必然失败，执着持有者必然失去。因此,尊道的人无为,故无失败;不执物,故无丧失。一般人在做事时,常在将要成功时失败。如能谨慎地对待终点如同起点一样,将不会有失败之事。因此,尊道者欲人所不欲,不贵重奇珍异宝,学人所不学,及时在众人过度时返本,以此来辅助万物的自然,而不敢妄自造作。

本章论说修治之法始于自身对情欲萌芽的控制,且善始善终。在老子看来,天下的祸患来自国,国来自身,身来自情欲。因此,一切祸患的根源在于个体的情欲,应警惕它。

行道者由内而外,由小为大,由少成多,起点就是对自身那些微而不显的情欲进行照彻、鉴明。并从根本上回归虚无,让之不妄作。这是微妙微明之事,成也在此,败也在此。如能自虚,则澄明真如世界照见。如失之,则陷入欲念,一念三千,云云发生,无法自拔,终于迷失其间。

就人内在的微妙情欲而言,法道者自虚,无我,无情欲,因此不执念于外物,始终如此,则大澄明,能使万物自然,自在逍遥。失道者放纵情欲,于是物象皆生而迷于其中。求物、执物,妄作求之,一念三千,终陷入其中。因此,圣人之道在于自虚,不起欲念,无我无物,从而无为无事无味,而失道者相反,自得其咎。

当然,"以小为大"之理也可指君王治国当防微杜渐、积善成德。上医治未病,最高妙的治理就是防祸于未然,在事未发时做好工作,使民安乐、怨愤不起;百姓安定,则易于控制管理;民怨尚未形成,则易于谋划而使之不生;若民怨已生,则在微弱未及骚乱时就及时予以消解。否则积微成势,积重难返,大祸来临,将不可救。大功业、大祸乱皆来自细小处,切记凡事要从细小处做起,在事未发时做好工作。

老子也是以此劝诫君王毋好大喜功,应以小为大,善始善终,最终积善成德,实现大治。大治应从细小处做起,好大喜功者多造作,而败坏、失却此道。且天下人主多在大业之初,善积善成德,但家国将定之时,骄奢淫逸,败坏此道。若能慎终若始，则无败事。

六十五章

古之善为道者，非以明民[①]，将以愚之[②]。

民之难治，以其智多[③]。

故以智治国，国之贼[④]；

不以智治国，国之福。

知此两者亦稽式[⑤]。

常知稽式，是谓玄德[⑥]。

玄德深矣，远矣，

与物反[⑦]矣，然后乃至大顺[⑧]。

注释

① 明民：自耀自明于百姓。又河上公、王弼皆解作使民明智巧诈。

② 愚之：自愚。又王弼注："愚，谓无知守真、顺自然也。"解作使百姓愚拙朴实。

③ 以其智多："其"指君王。又河上公注为民多智巧诈。

④ 贼：害。

⑤ 亦：也。表明为准则之一，但非全部。稽：遵从，和同。式：法式，准则。

⑥ 玄德：自虚自损以至于无为之行。即老子所谓"以辅万物之自然，而不敢为""生而不有，为而不恃，长而不宰，是谓玄德"。又河上公注"玄"为天，解作与天地同德。

⑦ 反：返辅。又河上公注为玄德之人与众人相反，众人欲造作利己，玄德欲安静利人。

⑧ 大顺：玄德之人顺从天道，绝弃欲念，故能至恒久之顺，无灾祸。

评析

老子说：古时善于以道修身治国的人，不以道自明于民或教育百姓聪明智巧，而是以道守愚于民而使百姓愚拙淳朴。百姓难以治理，是因为人们的智巧过多。因此，以智巧之术治国，是国家的灾祸；不以智巧治理国家，是国家之福。要始终知道这两者也是至真的准则。始终知晓、坚守这个准则，可称得上自虚、清静、无为的合道之行。该合道之行不断增深加远，始终返归根本、辅万物之自在、自化、自成，必然获得至大的和顺。

本章是对“学不学”“辅万物之自然”的进一步申发。其中，“反”可理解为相反或返本，是道动的两种存在方式。“大顺”，至大的和顺，则是一种天、地、人、道和同的境界。

从修身处而言，守道者不会自明——自显聪明才智于人前。人会显聪明才智于人前，不是因为他有聪明才智，而是他有了要显示聪明才智于人前的欲望。他为何有此欲望？因他想获得他人的称誉，即外求所得。如此，则失却内在，是失道。

从治国平天下层面而言，本章则指出天下之所以难以治理，是因为君王以智治国。即君王用智，百姓应之而狡诈。因此，以用智自明治国，是国之祸；以弃智自愚治国，是国之福。真正的德行就是自虚、无为、守愚，修之深远广大，己身、家乡、邦国、天下皆得其利。始终自虚无为，为万物孕场，使万物自然而然——无撄人心，百姓不被观念奴役，真朴过活，则邦国安定，天下大治。

当然，这里需要注意的是，如果将以自愚为前提的正道治国，转变为上位者智巧而愚下民，将其视作愚民国策、阴谋之术，则完全是背离常道。此种阴谋论解读背离于道家宗旨，似是而非，巧言令色。

六十六章

江海所以能为百谷王①者，
以其善下②之，
故能为百谷王。
是以欲上民，必以言下之。
欲先③民，必以身④后之。
是以圣人处上而民不重⑤，
处前而民不害。
是以天下乐推而不厌⑥。
以其不争，故天下莫能与之争。

注释

① 百谷王：谷，通“浴”，江海河谷。百川至大者。

② 下：处下，下游。

③ 先：处于众人的前列。

④ 身：身体、身份、地位，偏指权势利益。

⑤ 重：负累。

⑥ 厌：厌恶，厌弃。

评析

老子说：江海之所以能成为百川至大者，因为它们善于处百川之下，故能成为百川王。因此，想要在众人之上，必须用谦虚之言使自己处下；想要在众人的前列，必须把自身的利益置于众人之后。因此，圣人处于上位，百姓不以为累；他在百姓之前，百姓不以为害。因此，天下人都乐于推举他而不厌弃他。因其不与众人争利，故天下也没有谁能与他争了。

本章说江海能处百川下流，才能成为百川王，圣人总是效法它。圣人身处于民前民上而四方安然，正是因为他自虚、自损、处下以调和。如其尊贵而在民前民上，则将自身的利益置于众人之后，通过谦逊之言处于众人之下，于是人们也不以为累、害。因为他不与人争利，所以天下都乐于尊崇他，故天下也没有谁有意愿或能够与他相争了。

当然，如果人群中的一个普通人“欲”在人前人上，那又如何呢？经文中也对此情况进行了论说，“欲”字可以暗示存在一个由下而上、由后而先的过程，且以下、后为现实、起点，以上、先为目的。但经文也分明清楚，要得其所欲，则也要“欲不欲”。“欲”人所“不欲”，即善下、不争、无事。

但是，如果人们只看到“欲”，没看到其背后的“欲不欲”。那么所谓的“争”与“不争”的内涵便变得更微妙，在相当程度上可以将“不争”视作手段，而“争”是目的。如此也难怪部分人将其视作阴谋家的至高法则。这种解读为人所不取。

六十七章

天下皆谓我道[1]大，似不肖[2]。

夫唯大，故似不肖。

若肖，久矣其细也夫[③]！

我有三宝，持而保之。

一曰慈，二曰俭，三曰不敢为天下先[④]。

慈，故能勇；

俭，故能广；

不敢为天下先，故能成器长[⑤]。

今舍慈且勇，

舍俭且广，

舍后[⑥]且先，

死矣！

夫慈，以战则胜，以守则固。

天将救之，以慈卫之。

注释

① 道：马王堆帛书本、河上公本《老子》皆无此字，王弼本有之。可解作道心德行，也可解作道本身。

② 肖：灵巧。又解作肖像，具体的面貌、内容。

③ 细：细小。指若自行聪明、巧言能辩，自是细小之人，难被尊长。又依照注道论，则指：道若有具体面貌内容，早就是渺小之物了。

④ 先：首先，前列。又韩非子解作先于理动或先于众人行。

⑤ 器长：指修道成大器，为天下长。又韩非子注为“处大官”。

⑥ 后：后其身。将身份利益摆在众人之后。

评析

老子说：天下的人都说我的道心德行广大，但又像是愚人，不灵巧。正是因为尊名广大，所以坚守愚拙。若灵巧，早就被视作细小之人了！我有三样法则，一直持护而保有它们。一是慈爱，二是节俭，三是不敢在天下人的前列。慈爱，所以能由衷勇武；节俭，所以能厚广德行；不敢位居天下人的前列，所以能成为众人的尊长。现在如果舍弃慈爱而好勇斗狠，舍弃节俭而张广欲望，舍弃谦后而夸耀争先于人前，则不得其死。慈爱百姓，以此征伐就会胜利，以此守卫就会巩固。天要救助世人，就以慈爱护卫他们。

本章论说大道广大又无具体内容，因此也就没有那么多巧径捷路，法道之行也是如此，求其大者，不求眼前的苟且之事，否则不能成其不定形而周行不殆。即有道者德行广大、尊名甚高，故知自虚自损而守愚，否则，自作智巧，早已成渺小之人而早夭。早夭，可以指真吾的丧失，也可以指性命名位的丧失。但基本的，也是根本的，是真吾的丧失。

具体落定到看似寻常之理中，即从心而言，护养本心之慈。慈的特点是无我、不自生而好生万物。道的广大在于虚无、不自生，人若法之，则根本上在于吾丧我、心无我，从而辅利万物。从心灵物接的行而言，自吝惜精神、节俭。放大到外物上，则是自守为客，不为主。对于物利名位，皆淡然处之，以谦退处下为基。当人懂得自虚时，天将助之，故不失真吾。懂得生养他者时，他人也将助之，故无性命之忧。所以自虚无我而生养他者，辅其自然，是为根本。

当然，落定到治国层面，则是指治大国者总是持守最根本的东西，而不是迷糊于眼前的小利益。将根本之道具体化而言，就是三项基本原则：慈爱、节俭、不敢为天下先。君王慈爱百姓，则战胜守固。天命将使君王立国，当以慈爱为城郭。有道君王治国如大裁缝不割弃布料——无弃人弃物。他不争，慈爱百姓，故配天。君王如能行之，则可全身保国。否则，舍弃爱民、节俭、守弱之道，驱生民入死地、广大其财货疆土、欲争霸于天下，必不得其死然。

六十八章

善为士者不武，善战者不怒，

善胜敌者不与①，善用人者为之下②，

是谓不争之德③，是谓用人之力④，

是谓配天，古之极⑤。

注释

① 与：王弼注："争也。"

② 善用人者为之下：河上公解作："善用人自辅佐者，常为人执谦下也。"

③ 不争：不争强好胜。

④ 是谓用人之力：无为不争，而善用众人之力。

⑤ 极：训诫，准则。

评析

老子说：善于修道者，不好武力；善于征伐者，不轻怒；善于胜敌者，不会与人争斗；善于用人来辅助自己者，常为人谦下。这就是所谓不与人相争的德行，是所谓善于借用人力，是所谓合乎天道，这是自古以来的至高训诫与准则。

本章论说不争、处下。处道之墟者，自虚无物，故无我去争，无物可争。因而清静无为，淡泊泰然，与周身事物也处于平和状态，乃至一以同体，无分无别，即达到了齐一境界。至于呈现到世俗的景象与观感中，若是个人，则为谦谦君子，和睦四邻，人人尊之。若是邦国，则安和强大，为天下共主，且恒久。

在治国方面，有道之君不武，善战者不轻怒而使战争爆发。即使战争爆发，善于取胜者也不会轻易短兵相接打白刃战。所谓“生之徒十有三，死之徒十有三”，杀敌一万自损三千，故即使善以短兵相接、杀人盈城而取胜，也是次等的。后世孙子以不战而屈人之兵为上、拔城灭国为下等理念也源于此。

六十九章

用兵有言：

“吾不敢为主而为客①，不敢进寸而退尺②。”

是谓行无行③，攘无臂④，执无兵⑤，乃无敌矣⑥。

祸莫大于轻敌⑦，轻敌几丧吾宝⑧。

故抗兵相加⑨，哀⑩者胜矣。

注释

① 客：进入他国。我不敢主动侵入敌国，以致变为客方。又河上公解作：“主，先也。不敢先举兵。客者，和而不倡。用兵当承天而后动。”

② 进：侵进他国。退：闭门守城。我不敢轻进一寸而导致败退一尺。又解

作不敢侵入人境，而好退守国门。比喻好谦退守弱。

③ 行无行：行军却无完整队列阵形。又解作行军攻打对方，对方不成行；或行军不用有形之阵。

④ 攘无臂：攘，卷袖子。无臂，无手臂。喻指伤残的士兵。又解作抓攘对方，却无臂可抓，对方未扬臂来搏；或搏杀不待有形之臂。

⑤ 执无兵：手中无兵器，指丢盔弃甲。又解作牵执无兵器之人，即敌方不战而服，无须搏杀；或执持不待有形的兵器。

⑥ 乃无敌矣：马王堆帛书本《老子》如是，传本作“扔无敌”。乃，于是。无敌，不敌，无法抵抗来犯之敌。又解作虽欲攻伐，却无敌可攻伐；或攻伐不待有形之敌。

⑦ 轻敌：轻蔑欺辱敌人，轻进不知后退。用兵不哀而好之，是乐杀人，非道。

⑧ 宝：三宝之一的慈。又河上公注为身。

⑨ 抗兵：举兵。相加：相当。

⑩ 哀：怜爱。以哀礼处战事，慈爱百姓。

评析

老子说：用兵之事有明言说：“我不敢争强好胜而为主，以致最终转化为客而处不利之境；我不敢逞一时之能，贪图一寸之地，以致最终失败，损失更多。”因为行军而无完整阵形，士卒卷袖却无手臂，举手却无兵器，自然无法抵抗敌人。祸患里没有大过轻欺敌人的了，轻敌好进就近于丧失了我所说的慈爱、谦退等品德。因此，举兵相当时，慈爱的一方将获得胜利。

本章说有道者不轻用兵。兵道不敢争强好胜、逞一时之能，否则形势逆转，终致失败。指出治国法宝在于慈爱生民，以慈爱用兵，才是正道，且“杀人之众，以哀悲泣之，战胜，以丧礼处之”。若丧失慈爱，以兵逞强于天下，驱生民入死地，不以用兵为哀为丧，反而好之、乐之、多之，必然衰亡。其最终的景象自然是行军而无完整阵形，士卒卷袖却无手臂、举手却无兵器——皆是残兵败将、丢盔弃甲之象，自然求胜不可得，又无法抵抗敌人，灭顶之灾响应而来。

当然，后世也有将相关内容解读为论说兵道的慈爱、好静、谦下之法的。指行军打仗，慈爱百姓，则我方可攻胜守固。敌方如不慈爱，则必然不道，无人为之战。我以慈爱之兵退守国门，对方以不道之兵来犯，则我以逸待劳，到敌方涣散、无心恋战之时，可后发而克之，如入无人之境。

具体而言，指用兵者不敢先举兵，而是待时而后动，不敢侵进一寸，而崇尚退守一尺。善战者行军攻打对方，如入涣散的人群，捆缚不举之臂，执牵丢了兵器之人，即攻伐不抗之敌。如果一开始轻敌冒进，不爱人子（包括敌我双方），则必然失败。因此，举兵相当，则慈爱、好静、谦下的一方得胜。

最后，在后世的兵家老学中，也常将“行无行”等发挥为兵无常势、水无常形等诡道之说。这种解读影响也较深远。

七十章

吾言甚易知[①]，甚易行[②]。

天下莫能知，莫能行。

言有宗[③]，事有君[④]。

夫唯无知，是以不我知。

知我者希[⑤]，则我者贵[⑥]。

是以圣人被褐怀玉[⑦]。

注释

① 易知：容易知晓明白。可不出户窥牖而知。

② 易行：容易践行，无为即可。

③ 宗：本。

④ 君：主。

⑤ 希：稀少。

⑥ 则：效法。又解作：理解我的非常少，那么我也就很珍贵了。

⑦ 被褐(hè)：衣衫褴褛。喻指“我”常被人视作愚人而守辱，能行道之君亦然。怀玉：比喻内有德，人受其利。

评析

老子说：我说的道非常容易理解，也非常容易践行，但天下没人能领悟、没人能践行。言辞都有宗旨，行为都有出发点，正是因为不去了解它们，所以不能领悟我所说的。能领悟我所说的人非常稀少，能效法我所做的人非常可贵难得。因此，圣人总是穿着褴褛的衣裳，内怀着美玉。

本章论说道易于知晓、践行，但世人皆厌恶柔弱而好刚强、好大喜功，故不能知之行之。但它强调任何观念、行事都有根本，虽表面不同，但只要一直返归，必能见到最终的真如存在，即道。因此，不论人现在是何种言行，只要人去追问自己的所言所行，去把握它们的根本与来处，就能明道。同时，也指出明道后的基本状态，即“知我者希，则我者贵”。此处的“希”“贵”除了解作稀少、可贵之外，也可解为“希言自然”“悠兮其贵言”，即知我者，法道而希言，效法我者，法道而贵言。无为，不外求，不彰显，也就成为圣人。圣人就是这样内怀美玉而外穿粗衣，即求内实而不求外华。

对于治国而言，指慈爱百姓之理易于理解与施行，但人主却无能明白而践行。即指此事小且易，为之就可成就所谓大与难，但君主们都只是好大喜功，不务实，等到大难临头了，又感慨推脱说治国甚难。

七十一章

知不知①，上②。

不知知，病③。

夫唯病病④，是以不病。

圣人不病，以其病病，是以不病。

注释

① 知不知：知道而不智，不尚智巧。

② 上：至上。

③ 病：河上公解作世人皆有强知之病，内耗精神。王弼解作："不知知之不足任，则病也。"

④ 病病：视病为病。

评析

老子说：知大道而不推崇卖弄智巧，是至上的德。不知大道却尚智，则是病态的。只有把病视作病，及时守中，才能不病。圣人之所以不得尚智之病，就是因为他把这个病看作病，所以不生此病。

本章论述知道与尚智的比较。道，非智巧，无华而真实。智巧，浮华而妄诞。得真实者，能常态持存。以妄诞为常，则是病态。一个人如果知晓大道而不智巧，则得全真；自己不知道，但不妄作，也还算可以；不知晓自己不知道，还崇拜、卖弄智巧，则是生病了。人们当以此反省，时刻警惕自己是否以智巧的种种理解、观念、言行建构了妄诞的幻界，并漂浮在其中。世人皆应打破它，回归真如世界。

对于治国而言，有道君王所以无此病，正是因其视此病为病。有道君王总是披着简陋的衣服而怀中藏着美玉，虽被好造作者视作愚人，却利百姓、众生。他们也因此是世上至稀至贵的存在。

实际上此点甚难又甚易。说它甚难，是因为不论是拥有何种心智、身处何种位置的人，都习惯于在生活工作中自是自非、自说自话，总是沉浸于自己所构造的观念小屋里。因此日常不容易甚至不会认为自己哪些具体言行有错误，更不必说去检讨自身的底层思想方式、意识结构等方面是否处于病态中了。说它甚易，是因为人们只要在日常中不断追问自己言行的根底与逻辑，直面它们，便可以认知到自己目前是处于何种状态中。当然，这需要大勇，是真果敢。

七十二章

民不畏威①，则大威②至。

无狎其所居③，无厌其所生。

夫唯不厌，是以不厌。

是以圣人自知，不自见，

自爱，不自贵。

故去彼取此。

注释

① 畏威：河上公注“威”为害，解作畏惧小害——各种情欲。王弼注为敬畏君王的威权。

② 大威：河上公注为“大害”，即死亡。王弼注为“天诛”。

③ 其：精神。居：心。

评析

老子说：人不畏惧小害——各种情欲，则杀身大祸将至。不要压迫精神所居住的心，不要厌弃精神赖以存在的虚无清静。只有不厌弃这些的人，精神才能安居其中，不厌弃他。因此，有道之人自我洞察，护佑其德而不彰显夸耀，自爱其身，保有精气而不自矜尊贵。因此，总是要除去那些外在，而守护内在。

本章论说人的养生持存之道，认为畏惧情欲，守护自虚、清静、无为，则能长久。在老子看来，虚无是自然之态，一旦陷于物接，纵于情欲，则挤占虚无，压迫心灵。物欲愈进，心灵愈退，到最后将杀死真吾，使人成了行尸。圣人之道在于养护真吾，使之生长。冲和于全身，真吾之心强大，则物接不淫，情欲不溢，自然不受制于外物。因此，圣人总是自求、自知、自爱，不外求奇物、名位，养心而不益物。即所谓“或损之而益，或益之而损”。损物而益心，益物则损心。

同时，从君王治国层面而言，本章是说民为邦本，百姓若不敬畏君王与刑法等可畏的事物，则百姓厌弃君王而造反这种巨大而可畏惧之事必将到来。君王不要窘迫百姓的居所，不要压抑百姓的生活。只有不扰厌百姓的生活时，君王才得以不被厌弃。故有道的君王自我反思而不设立忌讳之法以炫耀其智巧，自我吝惜而不持奇物以自示尊贵。因此，去除那些不道之行，采取有道之举，希言而不搅扰百姓的自然。

七十三章

勇于敢①则杀，勇于不敢则活。

此两者，或利或害。

天之所恶②，孰知其故？是以圣人犹难之。

天之道，不争而善胜，不言而善应，

不召而自来，繟③然而善谋。

天网④恢恢，疏而不失。

注释

① 敢：敢有为，刚强，强横。

② 恶：厌恶，厌弃。

③ 繟(chǎn)：舒缓，宽松。

④ 网：喻指自然的法则与效力。

评析

老子说：勇于外求、造作、强横，则死。勇于自虚、无为、柔弱，则能长久。

这两者，一个活身得利，一个杀身得害。天也厌弃那些造作强横者，谁知道是什么原因呢？因此圣人也不敢妄自造作。天之道，不争而万物服从；不用语言宣告，就获得万物响应；不用召唤，万物自行归来；总是恬淡的样子，却善于在事物未发生时把问题解决。天所网络囊括的事物甚广，虽然看似宽疏，但无所遗漏错失。

本章论说天道自虚而生万物，无为而辅万物，柔弱处下，但万物尊之，且其尊恒久。天道自虚好生，因此能不争而善胜、不言而有应、不召而物来，在世界安定之时就做好谋划，充分保障安定，杜绝动荡于未有。也正因此，天道看似无形宽疏，但永无错失。

人当法之，自虚、不外求则守真吾，充盈、外求则失真吾。自虚自守者有真吾，精神平和、身体柔弱，故能心形自如，可因时而动。充盈外物而无真吾，精神执着，七窍充塞，筋骨僵强，无我又无法行动，于是早夭。更何况，自虚者处下如江海，对于周身的环境而言是洼地，自然得溪流归注。故不言、不争、不召，而万物交归焉。失吾者、争物者，如处于高处之河，位愈高而惑愈多、失愈多，最终自竭自涸。

君王也自当法之，保有慈爱之德，不论民治与否，皆不可失德好杀。否则，天厌之，民弃之。如社稷未乱，仍可治，则为乱者，自有司法者处理，君王不可乱位，举兵好杀。若君王好杀，则失德，灾祸必来。假如民已动乱，则说明君王已失德，杀民于事无补，只会加速灭亡。因此，唯一的做法就是坚守慈爱之德，乃至以德报怨。

当然，本章突出了一“勇”字，不能说“勇”必是起念妄作、不合道。“勇于不敢”之勇，衷心至诚，无私欲，是真果敢。且法道者不是消极颓废者，而是行道路上的勇猛精进之士，即“上士闻道，勤而行之”之谓。对于大道，必须勇于行之，坚而守之。也就是说世间有大勇大智、小勇小智，自虚、守弱、处下，需要大勇；自满、好用强横，只是小勇。圣人为前者，小人为后者。

七十四章

民不畏死，奈何以死惧之？

若使民常畏死，而为奇者吾得执而杀之①，孰敢？

常有司杀者杀②，

夫代司杀者杀，是谓代大匠斫③，

夫代大匠斫者，希有不伤其手矣。

注释

① 奇：畸，不行正道者。执：执守大道。杀之：为奇者将自灭，天杀之。

② 常：始终。司杀者：河上公注为“天”。天有秋冬，即收藏、肃杀。也可指立法、司法的部门。

③ 斫(zhuó)：刀砍斧劈。

评析

老子说：人们贪于情欲而不畏死亡，奈何要以死来恫吓他们呢？如果使人们自然地畏惧死亡，而那些不走正道者，我持守道法，他们将自取灭亡，又有谁会再不走正道呢？且世上有恒常的掌管死亡者来主持刑杀，不慈爱而要代天刑杀，那就是拙人来替大匠割裁。代替大匠来割裁，没有不自伤其手的。

本章论说有道君王当自虚无为，不弃人弃物。他总是以道化民，令其自虚无欲，强筋骨而畏惧天命，不走奇巧的畸变之路。如出现个别不法天道而妄自为畸者，也坚守“不善者，吾亦善之”之德，以此感化之。即使最终无法感化，也自有天来刑杀。此处的大匠就是掌管生死造化的天道。天道恢恢，疏而不漏。君王不可无慈爱，代天行杀伐。无道之君则以智巧治国，使百姓多情欲，外求名利而不珍惜本真性命、不畏惧死亡，以致走畸路。君王这是引诱、逼迫纯良为盗，然后又以狡诈之令、严酷之刑来恫吓杀戮之，何其毒也。如此只是独夫、盗夸，将有天诛！

当然，我们可以将相关内容具体化理解，指君王不要与民争利，不要好用杀伐。如果君王失道，民不聊生，不再畏惧死亡，那君王以杀伐威吓百姓，又有什么作用呢？假如百姓皆畏死亡、活在日常，不走正道者，我逮而杀之，又有谁敢再作乱呢？且在百姓尚畏惧死亡时，刑杀之事也自有司法者。君王擅自代司法者而举兵杀民，则是代替大工匠而作斫的工作，没有不伤到自己手的。也就是指君王有君王该干的事，不可违背慈爱生养的职责，也不可越俎代庖而好用刑杀，乱了邦国的自然状态。在今天，我们可以理解为不要搅乱邦国正常的法治文明与状态。

七十五章

民之饥①，以其上食税之多②，是以饥。

民之难治，以其上之有为③，是以难治。

民之轻死，以其求生之厚④，是以轻死。

夫唯无以生为者⑤，是贤于贵生⑥。

注释

① 饥：饥荒。

② 其：百姓。上：君上。

③ 有为：多欲，妄作。

④ 其：君王。厚：负累，沉重。又河上公解作："人民所以轻犯死者，以其求生活之事太厚，贪利以自危。以其求生太厚之故，轻入死地也。"

⑤ 无以：不使，不令。生：生民，百姓。为者：处此境地。

⑥ 贤：善于。贵：珍视。又河上公解作："夫唯独无以生为务者，爵禄不干于意，财利不入于身，天子不得臣，诸侯不得使，则贤于贵生也。"

评析

老子说：人民之所以饥寒，是因他们的君上征税过多，因此缺乏物资而饥寒。人民之所以难以治理，是因他们的君上多欲妄作，因此变得智巧而难以治理。人民之所以轻视死亡，走畸路、犯重罪，是因他们求生非常困难，因此而轻死。只有不使生民处此境地，方是善于珍视、慈爱百姓。

本章指君王贪婪、狡诈、妄为而使百姓受难，并以此劝诫君王寡欲节俭，减免赋税徭役，不可大兴土木，毋使百姓生活困苦。只有保障安定，治乱于未有，使百姓安居乐业，不因求生艰难而轻死，才是善于治国者。

不过，后世也有不少异解，如将最后两句解作：人们轻视死亡，是因求生太过厚重，因此而贪利自危；那些不以营生作为者，总是胜过过于重视营生的人。即将其解读为论说人唯有无知无欲，不过度重视营生，不奢侈耗费，才能养生而长生久视。

当然，若再飞跃一步，则可以说：君上，不仅是实指世俗的统治者，也可以是指世俗的引导者，喻指百姓的欲求、期许与尊尚。民，不仅是指政治意义上的百姓、被统治者，也是指世俗之人、浮世之民。

道墟之人内守虚无真吾，不被外物拔引，故得真我，有真性命、真人生，长生久视，是善养生者。浮世之民将自身拔脱于内在清静，以妄诞的外在事物为引导、被牵引。他们之所以难治、轻死等，是因失去自我，内心空失，心灵病态、性命夭折，外求奇物伪名，则不知满足，也无法满足，因此总是饱食而饥，多欲难平，以致陷入畸路，虽生而死，生不如死，活着却直接夭亡，始终处于尸行状态。

七十六章

人之生也柔弱，其死也坚强。

万物草木之生也柔脆[①]，其死也枯槁[②]。

故坚强者死之徒，柔弱者生之徒。

是以兵强则不胜，木强则兵[③]。

强大处下[④]，柔弱处上[⑤]。

注释

① 柔脆：柔弱，脆弱。

② 枯槁：枯朽，生硬，高大。

③ 兵：受刀斧，劈为薪。

④ 强大处下：王弼曰："木之本也。"即树根在土下。

⑤ 柔弱处上：王弼曰："枝条是也。"树枝处上。

评析

老子说：人出生及健康地活着时精气冲和，故筋骨皮肉柔弱，到死的时候，精气消耗殆尽，故筋骨皮肉僵硬。万物草木生长时柔弱微细，到死时也是枯硬高大。因此，坚硬刚强者皆必死之类，柔弱细小者皆可生之类。因此，用兵逞强则无法取胜，树木高大则有刀斧之灾。强而大者须居下位，坚守柔弱微小者可以居得上位。

本章论说道用柔弱处下。当万物处于柔弱细小状态时，则属于生发状态，总是可以后来居上。当处于刚强盛大状态时，则昭示其正走向衰亡。因此圣人总是时刻守弱处下。养生要和气抱精神为一，恬淡、柔弱，不可争强好胜。人初生时，有“吾”而无“我”。“吾”，天然的身体、性命，是直接与世界交通者，是打开的。当时身心皆虚静，不被情欲血气充盈，因此冲和而柔弱。此后，由情欲而生，构造了“我”。“我”，人为构造的自我，又以“我”为中心来分别、索求、占有外物，主宰“世界”。但虚无被填注，血气也塞于各节，身心僵化，不自己。因此，柔弱代表真吾的存在与生长，而刚强代表妄我的填注与野蛮生长，是尸行。也正因此，应尊奉虚无柔弱，警惕刚强，以谦退处下为强，以高傲居上为畸路。

反映在待人接物、治国理政等方面，便是不敢为天下先而守后。总是不追求位列众人之前、炫耀尊荣，也不以强横地主宰割裁众生为乐，而始终推崇谦退处下、守弱贵辱，辅万物之自然。

七十七章

天之道，其犹张弓与[①]？

高者抑之，下者举之；

有余者损之，不足者补之。

天之道，损有余而补不足。

人之道[2]则不然，损不足以奉有余。

孰能有余以奉[3]天下，唯有道者。

是以圣人为而不恃[4]，功成而不处，

其不欲见贤。

注释

① 与：通“欤”，语气词。

② 人之道：常人的行径。

③ 奉：供给。

④ 恃：占有，自居其功，索求回报。

评析

老子说：天行大道，不就像张弓射箭一样吗？弓举过高，便压低；过低，便抬高。弦拉得太紧，便减力松弛；太松，便加力拉紧。天道减损有余者，增补不足者。世人的行径却不然，减损不足者以奉养有余者。谁能将有余的东西拿出来供给天下呢？只有有道的人吧？因此，圣人总是施予而不望其报，化成事物而不居其功，总是不去彰显自己的贤良。

本章论说天道总是自虚自损，以求冲和。指天行大道，如张弓，总是高低相宜、张弛有度，才能一箭中的。言外之意就是万物保守中和，才能实现自身本有的功用，从而确立自身。世人的行径或行道却不然，减损自己身上的不足者而增益有余者——即守道不坚，未能真行于道。

世人总贪得无厌，本已不足于自虚、毋欲、清静、无为，却还是要减损这些，不断增益妄有、欲望、妄作、声名，这样只会自取灭亡。故劝诫世人及时守中，多减损已有的事物，即多施予。且还要注意减损声名。因为你施予，人会赞颂你，这也是一种负担。故应施予而不求其报，甚至不显露自己的施予，总是润物无声。

对于治国者而言，本章继续论说不敢为天下先而自损之道。有道君王始终生养百姓，而不占有、不居其功，他这样做是为不展现贤能。为何？君王已处尊贵之位，已是有余之象，恐彰显贤能而增益有余以致不道，故自损之。

七十八章

天下莫柔弱于水，
而攻坚强者莫之能胜，
以其无以易之①。
弱之胜强，柔之胜刚，
天下莫不知，莫能行②。
是以圣人云：
受国之垢③，是谓社稷主；
受国不祥④，是为天下王。
正言若反。

注释

① 以：马王堆帛书本《老子》如是，传本无此字。因为之义。易：改变。指水没有改变状态，始终如一。又河上公注为："夫攻坚强者，无以易于水。"王弼注为："以，用也。其，谓水也。言用水之柔弱，无物可以易之也。"皆解

"易"为取代。又解作轻视。

② 莫能行：人皆知柔弱之理，却不能坚守而久行。河上公注为"耻谦卑，好强梁"。

③ 受：承受，不推让，不转嫁。垢：辱。指人所不欲，如守弱、守愚、处下等。

④ 不祥：灾异天象。

评析

老子说：天下没有什么比水还柔弱的，但攻穿刚强之物，没有能比得过水的，这是因为水坚持、不更易。柔弱而胜刚强的水之理，天下无人不知，却无人能行。因此圣人有句话说：能坚持承受国家的耻垢，不改其守辱、处下之德者，就是社稷之主；能够坚持承受国家的灾难，引咎自责，代国人受过，不转祸于民者，就是天下的王者。这些都是正道之言，看上去都不似正面、华美之辞，像是世人眼中相反的话语。

本章论说坚守行道之贵。老子首先说水的道理：水是天下最柔弱之物，但能贯穿坚石高山，是因其千年如一日而不更易的特质。他说柔弱胜刚强，除了柔弱能胜刚强之外，更在于对柔弱的坚守。但这点无人不知，却无人能行。即言世人不能坚守，即使能行于道，也仅一时，旋而易之。故老子以"慎终如始"为贵，指守道如戒，不可须臾而废。

接着直接论及君王治国，劝诫君王要坚守辱弱，始终承受国人责其为愚人的人言以及各种天灾、不祥。这里涉及古人对灾异现象的理解与处理方法。《史记·楚世家》载："昭王病于军中。有赤云如鸟，夹日而蜚。昭王问周太史，太史曰：'是害于楚王，然可移于将相。'将相闻是言，乃请自以身祷于神。昭王曰：'将相，孤之股肱也，今移祸，庸去是身乎！'弗听。……孔子在陈，闻是言，曰：'楚昭王通大道矣。其不失国，宜哉！'"又《史记·宋微子世家》载："三十七年，楚惠王灭陈。荧惑守心。心，宋之分野也。景公忧之。司星子韦曰：'可移于相。'景公曰：'相，吾之股肱。'曰：'可移于民。'景公曰：'君者待民。'曰：'可移于岁。'景公曰：'岁饥民困，吾谁为君！'子韦曰：'天高听卑。君有君人之言三，荧惑宜有动。'于是候之，果徙三度。"

在古人的观念里，天现不祥之兆，君王可转嫁于大臣、百姓、山河。若君王自受不祥，不转移于百姓，则是慈爱的表现。值得注意的是以上两事皆发生于老子、孔子时。关于前者，孔子亲闻且留有评语。至于后者，虽未见孔子留有评语，但他也曾入宋见其君臣，据孔子入邦必闻风俗典故的习惯，他曾听闻此事并非不可能，只是史籍未载而已。且两事提到两个职位——太史与司星，身居此职者皆知转祸之法。老子身为柱下史，精通天文历法，当然知晓此法，但认为以不施用为上。孔子、司星等皆谓自受不祥者有人君之德，亦可为老子之言注解。总之，老子强调有道君王坚守"不敢为天下先"之德。坚持承受国人的指责，而不改其守辱、处下之德，坚持承受不祥之兆与各种灾异，而不转祸于民，如此才能成为社稷主，乃至天下的王者。

不过，后世许多人在解读此章时，常离开"坚持"之眼，仅关注守弱、处下、守辱等方面。强调圣人修身能自虚、守柔弱，故不做刚强好胜者，也因此能长久祭祀社稷。在此基础上，他能将德施予天下，代国人受过，则德将周普，而成为天下之王。即打通天、地、人三才，成为真正的王者。

七十九章

和[①]大怨，必有余怨，安可以为善？

是以圣人执左契[②]，而不责于人。

有德司契，无德司彻[③]。

天道无亲，常与善人④。

注释

① 和：平和，使之平息。

② 左契：古代借据分左右两份，左边部分为债权者所持，可以责取。河上公注："古者圣人执左契，合符信也。无文书法律，刻契合符以为信也。"

③ 徹：通"彻"，春秋时税法。又河上公、王弼皆将其通"辙"，解作人的过失行迹。

④ 善人：善于行道，利民而不争利者。

评析

老子说：平息大怨恨，必然还会留下些许余怨，哪里能以此事为善呢？因此，有道之人持有借据的存根，但不责求于人。有德行之人总是用这种方法来待人，无德的人则总是抓住他人的过失不放。天道对万物没有亲疏，但始终帮助善于不争而利人者。

本章论说道、众生之理。道自虚而生万物，天地之间虚无而有众生。人应当在开始时就遵从道来行德，自虚而好生，施予而不望其报，祸便无从而生。如果人执我多欲，则必然相争，相争则怨，祸随其后。在古人看来，天灾与人祸不同。天灾无法抗拒，无法抱怨。人不会怨天，因为天没有情感，以万物为刍狗。但人会怨人，因此，人祸产生后，怨恨总难以休止，甚至会生长、繁衍。而人祸的根源是什么？人总多欲、相争。如果人能自虚无欲，总施予而不望报，怎么会有人为的祸患与怨念呢？而且即使现在已在祸患与怨念中，也只有通过道——自虚自损的方式，来处理这些。即将施予不望其报转化到

处理怨念之中来，才能真正化解怨念而和善。如果一直抓住人的过失不放，追求以杀报杀、以刑报伤，这样的和报无法真正地化解怨念，有时更会生新怨念，最终把自身埋葬在怨念中，失却真吾。

老子最后说，天道与万物没有亲疏，没有远近，但总帮助和善之人，与他同在。不仅会让和善的人大顺、无灾祸，即使他已在祸患中，也会让其得以解脱。且更为关键的是，道有真吾，和善的人也有真吾。灾祸里没有比失去真如自我更为严重的，幸福、完满里没有比保有真如本性，真正地拥有自我、自由、逍遥更为深远优厚的了。

从根本上而言，天道自虚，没有主观、既定的观念，人不必去猜度、逢迎它，要做的不是外求道的观念或者依凭更次等的圣智、仁义、礼乐、法度，而是内守虚无。善人合道自虚，悠游自然，道与之同在。

当然，就治国而言，本章内涵也是指报怨以德，不如行德于未怨。指出太上治未乱，善政应该是君王在初始时便自律，善待生民而使之安居乐业，天人相合，使民怨无从而生，如此则无所不治。如果君王在一开始就不尊崇道德，伤害百姓以致民怨萌生，不论是用军队，还是以其他方式平息之，都不能称为善政。因为伤害了百姓，即使最后平息大怨恨，也必然会留下些许余怨，哪里能被认为是善的呢？

因此，有道的君王总是治之于未乱，从一开始就尊道行德。所谓“左契”，不同的版本还有“右契”的说法。学者们也是争论不休。实则，左右之辨的根本解决之道，在于了解楚地与中原风俗之异。楚人尚左，中原尚右。前人不明此点而多不解。老子为楚人，其书最初亦多流布楚地，故原作“左”。帛书甲本等作“右”，或因抄写者形误，或是抄写者为中原人而以其日常习俗加以修改的结果。左契，债权者所持，可以责取。右契，债务者所持，待合而已。

关于契约的具体情况，前人语焉不详。实则，此处契约为君王与百姓所立，内容为君王将战马、舟车等物转为农具，发于百姓，以利桑麻，并言珍护之责、回收之事云云。老子所谓“却走马以粪”“使人复结绳而用之”可为佐证。老子云“既以予人，己愈多”，有道之君公天下而利民，不持兵器而转为农具，将其与土地等分于百姓，虽立契却不以此取责。法道而有德者，施行契——予人而不有；失道而无德者，施行彻——搜刮百姓以为私。无道之君则利己以填私欲，总是树立各种法令来剥削百姓，又拥兵以自固。

最终，老子还是遵从《周书》“皇天无亲，惟德是辅”之论，强调自然之道没有亲疏，但它永远与善于利民者同在。即“天网恢恢，疏而不失”，天道能使有道者生，失道者亡。

八十章

小国寡民①。

使有什伯之器②而不用，

使民重死而不远徙③。

虽有舟舆④，无所乘之，

虽有甲兵，无所陈⑤之。

使人复结绳而用之⑥，

甘其食，美其服，

安其居，乐其俗。

邻国相望，鸡犬之声相闻，

民至老死，不相往来⑦。

注释

① 小国寡民：小的国土，少的人群。本指有待发展的困难条件。又解作理想

的社会状态。

② 什伯之器：本指十人一士、百人一伯的军队。又解作十倍百倍效能的巧器。河上公注为农具。

③ 远徙：本指远离迁徙、远离逃亡。又解作向远方迁徙。

④ 舟舆：大船大车。

⑤ 陈：陈列，使用。

⑥ 复：归还。结绳：立契约。指将兵器转为农具，发还百姓，且与之定契约，让其得以使用。又河上公注："去文反质，信无欺也。"后人多发挥经文之"复"与河注之"反（返）"，解作以复归结绳记事状态比喻淳朴生活。

⑦ 相：表示一方对另一方有所施为，且表他称。往：逃往。来：语气词，相当于"了"。本指不向彼处逃亡了。又注"相"为"相互"，解作不相互往来，表示无欲无求。

评析

老子说：社群简小，人群稀少。使人们有高效率的巧器也不动用，使人们看重生命而不向远方迁徙。虽有大船大车，也不乘坐游玩；虽有甲胄兵刃，也不去动用。使人们回归到结绳记事而用的淳朴状态。人们甘饱于自己的食物，欣赏于自己的衣服，安逸于自己的居住状态，安乐于自己的风俗环境。相邻的世界近得可以相互看见，鸡鸣犬吠也可以相互听到，人们到老死也不相互来往。

本章的内涵解读存在一个较大的变化。本义是说在天下相交的世界中，大国有其发展之道，那么小国也有其发展之道。此处说的就是法道之下小国的发展。可解作：国家弱小，百姓稀少，只要不发动战争，就可以使百姓看重生死而疏远迁徙。君王有大车巨舟，无处去使用它，有甲胄兵刃，无处陈列它，都发还百姓，与之订立契约后让其使用。君王使百姓食物甘甜、衣裳美丽、风俗欢乐、起居安定，则百姓甘之、美之、乐之、安之。即使邻国举目可见，鸡犬之声张耳即闻，人们到终老也不会逃往那里去。

就其内容而言，主要是论说法道在于重积德。重积德，则莫若穑。欲民不怨而国大治，须止战而劝农。且老子以弱国寡民为之。即使国小人稀，只要不兴战事，便可保有其民其国。在此基础上，君王将原本用于战争而现在无处使用的舟车甲兵化为农具，“使人复结绳而用之”。《周易·系辞下》曰：“上古结绳而治，后世圣人，易之以书契。”结绳，立契约。古时铜铁、牛马希贵，须珍而用之。凡铜铁器物损毁，为防铸兵，为再铸以利农，皆须官府回收，至于牛马亦须专人护养，故皆与百姓重定契约，使其得以使用相关事物。君王使百姓远离战争，化兵器为农具而利于百姓农耕与生活，百姓自然富足。此即老子所谓“天下有道，却走马以粪”“圣人不积，既以为人，己愈有；既以与人，己愈多”“我无事而民自富”等等。如果君王自己“服文彩，带利剑，厌饮食，财货有余”而百姓饥饿，则是“盗夸”“非道”。后来南宫适曰“羿善射，奡荡舟，俱不得死其然。禹、稷躬稼而有天下”等，皆与此相合。

只要君王使百姓安居乐业，百姓自然不会逃离这个国家。相反小国也会获得百姓来归，甚至成为大国。实则还是死地生地之说，根本内涵仍是告诫君王不动战事，则本国为生地，他国妄自生事，自为死地，百姓重死，自然不迁于他国。孔子所谓君子不入危邦，可作他证。

不过，后来本章的位置与内涵都有了重大变化。世人常将“小国寡民”作为老子的政治理想来看待。且将“什伯之器”理解为巧器，表示不用智巧，与列子、庄子的“机心”学说相类。并将“舟舆”视作一般的巨舟宝车，表示无游乐之心，无此情欲。又以不陈甲兵，表示无征伐吞并的大欲。最后将“使人复结绳而用之”转化为回归结绳记事的时代，表示淳朴、无欲求、无欺诈，乃至各适其适，互不往来。相关思想已几乎成为道家政治理念的一个重要旗帜，且也可与当今社区化社会思想相呼应。

在这种立意之下,“小国寡民”既可以理解为每个人的心境,也可以指与他者的关系,国与国即指世界。从根本上而言,人心自虚,于是无我无物,无所谓物欲,便无妄诞与迷失,世界便无分别。即使稍微弱化一些,是“吾丧我”之境的话,所要关注的社区与人事也非常简单。世界如此简单,因此没有“机心”,以至任何智巧之器都派不上用场,因而不造奇物奇巧。人守澄明之心,于是其味寡淡,无游乐之心与情欲,巨舟宝车也无所用,也无争夺的必要与欲望,甲兵便无处可陈列使用。人们都是栖居于简单、淳朴的状态,自求自足,无外求之事,于是整个世界皆淡泊。

那么这样的世界是否有现代文明、科学技术呢?我想它会有别样的文明与科学技术。“美其服”的“美”即意味着五彩并不被排除在外。在老子的思想中,君王如道,百姓如万物。道体虚无而以此为边界、路径,使万物云云,丰富多彩。同样,君王越自虚无为,百姓越会自发丰富生活。所以百姓的生活是彩色的,而非单调色彩、灰色调。“五色令人目盲”,指的是君王,而非百姓。老子只要求君王无为,对百姓没有任何要求、定位与干涉。但显然在他那里,君王是以自虚无为成就百姓的实有与丰富多彩的生活。这才是真正的君王南面术,才是道以及道生万物。道之贵,贵在自虚,更贵在其自虚而有万物生。

八十一章

信言不美,美言不信。

善者不辩①,辩者不善。

知者不博②,博者不知。

圣人不积，既以为人，己愈有，

既以与[③]人，己愈多。

天之道，利而不害；

圣人之道，为而不争[④]。

注释

① 善者：以道筑造“世界”的纯良者。辩：巧言。

② 知：知道。博：多闻见，知识丰富。

③ 与：通“予”，给予。

④ 为：“既以为人”“既以予人”，生养。不争：化成万物，不争功名。

评析

老子说：真实的言辞不华美，华美的言辞不真实。纯良的人不巧辩，巧辩的人不纯良。智慧的人不博闻，博闻的人无真知。有道之人不积累，总是帮助他人而使自己更加充足，总是给予他人而使自己更加丰富。天地之道总是生养万物而不割宰，圣人之道就是施予而不争名利。

本章在传本中为全书结语，因此地位超然，常被视作道在人间的基本落定，内涵也就变成得道者的基本境界。它强调圣人总是“为道日损”，持守本心而大光明，朴实无华，无为、柔弱、处下，木讷如愚人。为学者则日益，陷于外在观念，云云无穷，最终迷失于夸饰，落入妄诞。后来王阳明“致良知”之说，反对各种浮说美辞，莫不发明于此。

需要注意的是，圣人也是弘道之人。在为道的路上，总是自虚自损，施予他人，不求其报，如江河利万物而不争，以此施化众生，缔造真如太平世。圣人的最高境界，也是基本要求，是将道传于人。不过，圣人传道不是要让学者能享乐，甚至也不是让他们能吃得上饭——这是其他事。但世人总以是否能有助于增益其饮食、安逸、享乐为标准，来寻找老师与圣人，真是缘木求鱼。

从治国平天下层面而言，本章则强调修德而丰厚。有道君王应奉行法道自虚无为的国策，不做华而不实、好大喜功之事。说来也简单，即君王自虚无私利，故不积奇物利器等私产，总是将舟车、甲兵等转化为农具，散发给百姓。这些事物积累在君王的府库，不能发挥应有的作用，用它们来帮助百姓，君王才发挥了它们的功用，才在真正意义上拥有了它们。这种从无用到有用的转化发生得越多，君王在真正意义上也越加富有。总之，君王的治平之德就是利民而不与民争利。

后记

一晃眼，在老学研究领域已驻步二十来年，其间一直在努力筑造“玄华老学路标”——玄华，吾名，“老学路标”表示行走在老学之路上的方向与旅程。该系列拟含专著九部：《老子考论》《〈老子〉原始》《郭店楚墓主儒家化老学研究》《先秦老学史》《秦汉魏晋南北朝老学史》《敦煌残卷〈老子〉校论》《中华历代老学文献书目提要及馆藏地汇录》《经典之旅：从〈老子〉到无尽的〈道德经〉》《道德经玄华解》等。其中，绝大多数已完成书稿。近年来，也已完成《先秦老学史》《经典之旅：从〈老子〉到无尽的〈道德经〉》的出版工作，接下来准备继续优先推出《老子考论》《〈老子〉原始》《郭店楚墓主儒家化老学研究》。而《道德经玄华解》作为老学研究的收官之作，虽也一直在撰写中，并已形成书稿 12 万余字，在给上海财经大学本科生讲授“《老子》导读”通识课时，也以之为讲稿底本，但在原来的计划里，是打算继续积累、精进，待十年后再出版发行。不过世事无常，有时缘分到了，便也顺应为之。今年6月，上海师范大学人文学院中文系主任李贵老师代表查清华院长，询问是否有关于《老子》解读的书稿待出版，并邀请参加“中华文史经典精读丛书”编著。有此因缘，我便欣然应邀，于是有了《老子精读》一书。就该书内容而言，已比较接近《道德经玄华解》，但也结合丛书体例、定位以及通行本《老子》注解的情况，做了一定折中。相信本书能给读者朋友们带来经典又别开生面的五千言，帮助我们以道筑造真如世界。本书也是上海财经大学教材建设项目成果。最后，再次感谢查院长、李老师的邀请和上财教建的立项，感谢责任编辑对本书的精心编校。

2022年9月于沪上

图书在版编目（CIP）数据

老子精读 / 陈成吒编著. — 上海：上海教育出版社，2024.7. —（中华文史经典精读丛书 / 查清华主编）. — ISBN 978-7-5720-2840-3

Ⅰ. B223.15

中国国家版本馆CIP数据核字第2024YF4978号

责任编辑　陈嘉禾　易英华

装帧设计　东合社

LAOZI JINGDU

老子精读

陈成吒　编著

出版发行　上海教育出版社有限公司

官　　网　www.seph.com.cn

地　　址　上海市闵行区号景路159弄C座

邮　　编　201101

印　　刷　上海展强印刷有限公司

开　　本　700×1000　1/16　印张 13.75

字　　数　170 千字

版　　次　2024年7月第1版

印　　次　2024年7月第1次印刷

书　　号　ISBN 978-7-5720-2840-3/I·0185

定　　价　45.00 元

如发现质量问题，读者可向本社调换　电话：021-64373213